거꾸로 생각해 봐!

세상이 많이 달라 보일걸

거꾸로 생각해 봐! 세상이 많이 달라 보일걸

홍세화, 우석훈, 강수돌, 강양구, 우석균, 이상대, 김수연, 박기범 지음

2008년 10월 5일 처음 찍음 | 2023년 3월 10일 스물여섯 번 찍음
펴낸곳 도서출판 낮은산 | 펴낸이 정광호 | 편집 정우진 | 디자인 박대성 | 제작 정호영
출판 등록 2000년 7월 19일 제10-2015호
주소 04048 서울시 마포구 어울마당로5길 16 반석빌딩 3층
전화 02-335-7365(편집), 02-335-7362(영업) | 팩스 02-335-7380
홈페이지 www.littlemt.com | 이메일 littlemt2001hr@gmail.com | 트위터 @littlemt2001hr
제판 • 인쇄 • 제본 상지사 P&B

ⓒ 홍세화, 우석훈, 강수돌, 강양구, 우석균, 이상대, 김수연, 박기범 2008

ISBN 978-89-89646-51-8 43300

* 잘못 만들어진 책은 바꾸어 드립니다. * 책값은 뒤표지에 표시되어 있습니다.
* 이 책 내용의 일부 또는 전부를 재사용하려면 반드시 저작권자와 도서출판 낮은산 양측의 동의를 받아야 합니다.

거꾸로 생각해 봐!

홍세화 | 우석훈 | 강수돌 | 강양구 | 우석균 | 이상대 | 김수연 | 박기범

세상이 많이 달라 보일걸

낮은산

차례

추천하는 글 / 홍세화 6

이긴 자가 다 갖는 건 당연하다고?
그런 세상이 아름다울 수 있을까!
승자독식, 그 '야만의 사회'를 벗어나기 위하여 / 우석훈 16

비싼 돈 주고 사는 건 바보짓이라고?
그 아름다운 바보짓이 세상을 살려!
착한 커피와 공정무역 이야기 / 강수돌 40

과학기술만 발전하면 우리는 행복해질까?
아니야, 행복은 우리가 직접 만드는 거라고!
불편한 과학기술 이야기 / 강양구 62

내 것 남 주면 손해라고?
아니야, 함께 나누면 더 커져!
'돈'보다 훨씬 고귀한 '생명' 이야기 / 우석균   80

시, 소설 안 읽고도 여태껏 잘만 살았다고?
문학은 '사람답게' 사는 길을 비추는 거울이야!
밥보다 백 배는 더 중요한 시 이야기 / 이상대   100

가진 게 없어 나눌 수 없다고?
가난하니까 더 나누어야지!
함께 먹는 밥, 동무, 꿈 – 공동체 이야기 / 김수연   126

전쟁은 피할 수 없는 일이라고?
절대 그렇지 않아!
평화로 가는 한 걸음 / 박기범   150

추천하는 글

― 나는 왜 거꾸로 생각해 봐야 할까?

나는 태어난 뒤 숨 쉬기 위해 공기를 들이쉰 것 말고 두 가지를 내 안에 끊임없이 집어넣었다. 하나는 입 안에 집어넣은 음식물이고, 다른 하나는 머릿속에 집어넣은 생각이다. 음식물은 우리 눈에 보이지만 생각은 우리 눈에 보이지 않는다. 이 차이만큼 중요한 차이가 또 하나 있다. 선택의 주체가 누구인가라는 점에서 음식물과 생각은 다르다.

"우리 안에 집어넣은 음식물과 생각은 각각 누가 선택한 것일까?"라는 질문을 던져 보자. 우리는 태어나면서부터 성장하거나 건강을 유지하려고 하루 세 끼 식사를 한다. 식사 때마다 우리 입 안에 집어넣는 음식물은 누가 선택할까? 아주 쉬운 질문이다. 우리가 어렸을 때엔 부모님이 선택하고 우리가 큰 다음에는 우리 자신이 선택한다. 내가 입 안에 집어넣는 음식물은 나와 부모님 이외의 사람이 선택한 게 아니다. 어렸을 때 잠시 내 몸을 부모님에게 맡겼지만, 내 몸의 주인은 결국 나 자신인 것이다.

그렇다면, 내 안에 집어넣은 생각은 어떨까? 내 생각도 음식처럼 내가 어렸을 때엔 부모님이 나 대신 선택해 주었고, 내가 큰 다음에는 내가 선택한 것인가? 내 부모와 내가 선택한 생각만 지금 내 생각이 되어 있을까? 그래서 내 몸의 주인이 나 자신인 것처럼 내 생각의 주인 또한 나 자신일까? 쉬운 질문이 아니다. 아무도 이 질문에 간단히 "그렇다."라고 대답할 수는 없다.

칸트가 말했듯이 사람은 생각하는 존재이긴 하지만 생각하는 바에 관해서도 자유로운 존재는 아니다. 나는 지금 무척 많은 생각을 갖고 있다. 하지만 그 생각들은 내가 만들어 가진 게 아니다. 사회를 살아가면서 갖게 된 것이다. 그 중에 어떤 생각은 "이 생각은 나도 가져야지." 하고 갖기도 했지만 대부분은 내 의지와 관계없이 내 안에 들어온 것이다. 내가 가져야 할 생각인지 아닌지 판단력이 없을 때에 이미 내 안에 들어와 있는 생각도 많다.

그런데 17세기 인문학자 스피노자가 강조했듯이 사람은 모두 자기 생각을 고집한다. 나 역시 내가 지금 갖고 있는 생각을 고집한다. 흥미롭지 않은가? 내가 만들어 갖거나 선택한 것이 아님에도 나는 지금 무척 많은 생각을 갖고 있으며 그 생각들을 고집한다. 그리고 그 생각을 고집하면서 내 삶을 살아간다. 만약에 내가 지금 고집하는 내 생각이 잘못된 것이라면?

그래서 내 삶을 그르칠 수 있다면?

여기서 잠깐 우리 몸과 생각의 차이에 대해 생각해 보자. 우리 몸은 건강하지 않을 때 대부분의 경우 통증을 느끼거나 열이 오르는 등 자각 증세를 보인다. 몸은 건강하지 않을 때 건강하지 않다는 신호를 보내 주는 것이다. 불행하게도 예외가 있다. 가령 암 같은 병은 죽음에 이르게 하는 병인데도 자각 증세가 너무 늦게 찾아온다. 그래도 대부분의 병은 자각 증세를 보여 우리에게 병을 고치라고 알려 준다.

그렇다면 우리 생각은? 몸이 병에 걸렸을 때처럼 잘못된 생각을 가졌을 때에도 자각 증세를 보일까? 가령 히틀러는 자신의 생각이 잘못된 것이라고 자각했을까? 그렇지 않다는 것을 우리는 안다. 히틀러는 자신의 생각을 끝까지 고집했다.

사람은 합리적 동물이기보다 합리화하는 동물이다. 나 또한 그릇된 생각을 갖고 있는데 자각 증세가 없어서 그 생각을 고집하며 살아간다면? 나 또한 지금 갖고 있는 생각을 합리화하면서 고집하며 살아간다면?

우리가 끊임없이 거꾸로 생각해 봐야 하는 까닭은 너무나 분명한 게 아닐까? 내 삶을 그르치지 않고 사회를 해치지 않기 위해서.

다음과 같이 정리해 보자.

1) 나는 생각하는 동물이다. 2) 그렇지만 태어날 때 생각을 갖고 태어난 건 아니다. 3) 지금 나는 무척 많은 생각을 갖고 있다. 4) 그 생각들은 내가 스스로 만들어 가진 게 아니며 내가 선택한 게 아닐 수 있다. 5) 그럼에도 나는 지금 갖고 있는 생각을 고집하면서 살아간다. 6) 더구나 내 생각 중에 잘못된 게 있어도 나는 그것을 자각하지 못한다. 7) 그러므로, 나는 끊임없이 거꾸로 생각해 봐야 한다.

— 나는 왜 책을 읽어야 할까?
너는 고래다. 고래는 포유동물이다. 고래인 네가 주체적으로 살아가려면? 먼저 고래가 무엇인지 알아야 하고 포유동물이 무엇인지 알아야 한다. 네가 고래학과 포유동물학을 공부해야 하는 까닭이다. 고래인 네가 이 세상을 주체적으로 살아가기 위한 필수 요건이므로.

나는 사람이다. 사람은 사회적 동물이다. 사람인 내가 주체적으로 살아가려면? 사람이 무엇인지 알아야 하고 사회에 대해서 알아야 한다. 나는 인문학과 사회과학을 공부해야 한다.

사람인 내가 이 세상을 주체적으로 살아가기 위한 필수 요건이므로.

그러나 내가 한국에서 지금 받는 제도교육은 이 필수 요건과 거리가 멀다. "독서는 사람을 풍요롭게 하고 글쓰기는 사람을 정확하게 해 준다."라는 격언도 내가 받는 제도교육과는 인연이 없다. 그래서 나는 다른 학생들처럼 사적 이해관계에서는 영리하지만, 인간과 사회에 대해서는 자기 생각이 별로 없는 바보가 될 위험이 크다. 왜냐고? 나는 내 친구들처럼 학습 기계에 지나지 않기 때문이다.

나와 내 친구들의 사전에서 '사색', '성찰'이란 단어가 사라진 지 오래되었다. 나는 사색할 줄 모르고 성찰하지 않는다. 날이면 날마다 공부만 한다. 잠도 제대로 못 자고 밥도 제때 못 먹고 친구도 사귀지 못하고 자연도 벗하지 못한다.

그래서 나는 이웃이나 친구들과 소통하며 세상을 이해할 기회가 없으며 자연의 조화를 느끼지 못한다. 좁은 공간에 갇혀 그저 공부만 한다. 공부 시간만 따지면 단연코 세계 으뜸이지만 책은 읽지 않는다. 아니, 공부하느라 책 읽을 시간이 없다. 집에서나 학교에서나 소설책이든 교양서든 책을 읽을라치면 바로 "공부 안 하고 뭐 하냐?"라는 소리를 들어야 한다.

세계에서 가장 많은 시간 공부하면서도 책 읽을 시간이 없는 것, 그래서 글쓰기는 아예 기대조차 할 수 없는 것, 이게 나와 내 친구들의 일상이다. 왜 이런 지경에 이르렀을까?

내가 한 시험에서 80점을 받았다. 부모님의 반응이 "80점 받았으니 잘했구나."인가? 아니라는 것을 모든 사람이 안다. 조건반사적으로 "그래서 몇 등이냐?"라는 질문이 돌아온다. 다 알고 있는 이 사실이 나와 친구들이 세계에서 가장 많은 시간 공부하면서도 책을 읽거나 글쓰기를 할 시간이 없는 이율배반을 설명한다.

다른 나라 학생들은 80점을 받으면 그 시험 영역에서 벗어나 다른 걸 한다. 대학이 서열화되어 있지 않으므로 학생들을 1등부터 꼴찌까지 줄 세우지 않고 절대평가만 하고, 합격·불합격의 구분만 하기 때문이다. 80점은 아주 거뜬히 합격하는 점수이므로 그 점수를 받은 학생은 그 시험 영역을 더 공부할 이유가 없다. 그 시험 영역에서 벗어나 여행을 하고 토론을 하고 연애를 하고 자연과 사귀고 문화예술 활동을 하고 책을 읽고 글쓰기를 한다.

그러나 나는 90점을 받아도 그 시험 영역을 계속 붙들고 있어야 한다. 왜냐고? 90점을 받아도 만족할 수 없기 때문이다.

1등을 해야 하고 1등을 끝까지 지켜야 한다. 나뿐만 아니라 모든 학생이 모든 과목의 모든 영역에서 끝까지 벗어날 수 없다. 그저 공부하고 또 공부할 뿐. 책 읽을 시간도 없이. 그런데 도대체 무얼 공부할까?

 수학과 자연과학이라면 그렇게 공부하는 것을 조금은 이해할 수 있다. 또 수학과 자연과학 과목에서 학생들을 1등부터 꼴찌까지 줄 세우기를 굳이 하겠다면 그 또한 조금은 이해할 수 있다. 그러나 인문사회과학은 아니다. 인문사회과학은 본디 정답이 없는 학문이기 때문이다.

 가령 사형제도는 인간에 관한 물음이면서 사회에 관한 물음이다. 사회 안에 함께 살아가는 구성원 모두에게 아주 중요한 질문이지만 정답이 있는 것은 아니다. "사형제는 폐지되어야 하는가, 존치시켜야 하는가?"라는 질문에 "그렇다. 폐지되어야 한다."도 정답이 아니고, "아니다. 존치시켜야 한다."도 정답이 아니다.

 다만 사회구성원 각자의 견해가 있을 뿐이며 그 견해가 풍요롭고 정교한 논거를 갖고 있는지가 중요하다. 국어, 사회, 경제, 역사, 지리 등 인문사회과학 분야의 공부에 다양한 독서와 토론이 받쳐 주어야 하는 이유다.

각자에게 자신의 생각을 정리하도록 글쓰기를 요구하는 것은 당연하다. 그런데 이처럼 정답이 없는 학문도 1등부터 꼴찌까지 줄을 세워야 하기 때문에 정답이 있는 학문으로 바꾸었다. 그래서 나와 친구들에게 제시되는 문제는 암기 능력을 묻는 단답형 물음이거나 5지선다가 대부분이다. 나는 "사형제도는 폐지되어야 하는가?"라는 물음에 내 견해와 그것을 뒷받침하는 논거를 쓰도록 요구받지 않고 이런 질문에 답하도록 요구받는다.

다음 나라들 중에서 실질적으로 사형제가 폐지된 나라는?
1) 미국 2) 중국 3) 일본 4) 러시아 5) 한국

답은 한국이다. 한국에 사형제도는 아직 남아 있지만 김대중-노무현 정부 10년 동안 사형 집행을 하지 않았기 때문에 사형제도가 실질적으로 폐지된 나라로 쳐 주기 때문이다. 만족스러운가? 그러나 이런 객관적 사실을 아는 것보다 더 중요한 것은 사형제도에 대한 나와 내 친구들의 생각 아닌가? 그 생각들의 풍요로움과 정교함 아닌가?

그러나 그렇게 각자의 생각을 물어 쓰게 하는 글로는 1등부터 꼴찌까지 정확히 줄을 세울 수 없다. 그래서 애당초 정답이

없는 학문인 인문사회과학을 객관적 사실에 대한 암기과목으로 변질시킨 것이다. 그래서 나는 역사를 공부하는 대신 연대를 암기한다. 나는 시적, 예술적 감수성을 키우는 대신 시인이나 화가, 작곡가의 이름과 그들이 무슨 파에 속하는지를 외운다.

나와 친구들은 사회문화적 소양을 갖춘 전인적 인간이 되기를 요구받는 게 아니라 암기기계가 되기를 요구받는다. 이것이 나와 친구들이 세계에서 가장 많이 공부하면서도 인간과 사회에 대해서는 바보나 다름없이 되어 버린 배경이다.

20세기 전반까지만 해도 책을 읽지 않은 사람은 스스로 무식하다는 점에 대해서는 알고 있었다. 과거 사람들은 대부분 무식했지만 자신의 무식함에 대해서만큼은 유식했다. 오늘날의 사람들은 책을 읽지 않고도 모두 유식하다고 믿는다. 오랜 기간 제도교육을 받는 데다 미디어의 홍수 속에서 살고 있어서다. 그래서 더욱 책을 읽지 않는다.

나도 책을 읽지 않으면 제도교육이 요구하는 것과 미디어가 전달하는 것만 내 생각으로 가질 것이다. 그리고 그 생각들을 고집할 것이다. 우리가 모두 그렇게 하면 지배자들은 무척 편할 것이다. 사회구성원들이 제도교육과 미디어에 길들여져 인간과 사회에 대해 비판적 안목을 갖추지 못하면 지배하기가 아주 쉬울 테니까.

나는 그런 바보가 되고 싶지 않다. 이 책은 거꾸로 생각해야 하는 나에게 맛보기 같은 책이다. 세상에는 내가 맞닥뜨려야 할 다양한 주제들이 있다. 그 중에서도 경쟁사회, 노동, 국제무역, 과학기술, 문학, 생명, 가난, 공동체, 전쟁, 평화는 특히 중요하다. 내가 주체적 인간으로서 이 세상을 살아가려면 빠뜨릴 수 없는 주제들이다.

책을 일컬어 "세계와 만나는 창."이라 했고 "책은 책이 부른다."고 했으니 우선 이 책부터 시작해야겠다.

홍세화
한겨레신문 기획위원

이긴 자가 다 갖는 건 당연하다고?

그런 세상이 아름다울 수 있을까!

승자독식, 그 '야만의 사회'를 벗어나기 위하여 | 우석훈

우석훈

이제는 한국 사회를 설명하는 하나의 키워드가 되어 버린 '88만원 세대'라는 말은 그가 쓴 같은 제목의 책 『88만원 세대』에서 비롯된 것이다. '절망의 시대에 쓰는 희망의 경제학'이라는 부제가 붙은 이 책에서 그는 이미 다음 세대에 대한 착취가 공공연히 진행되는 한국 사회에서 저 혼자만 '우아한 직업'을 가져 보겠노라 발버둥 치는 것이 얼마나 부질없는 일인가를 이야기하고 있다. 그런 그가 '절망의 시대'를 벗어나기 위해 꺼내 든 말은 '협동'과 '연대'이다.

두 친구 이야기

이제 중학교 3학년이 된 두 명의 남자 친구가 있다. 한 친구는 가끔 반에서 1, 2등을 할 정도로 공부를 한다. 아버지는 일용직 노동자이고 어머니는 대형 할인마트에서 비정규직으로 일을 한다. 물론 학원이나 과외는 꿈도 꾸지 못한다.

또 다른 친구는 공부를 썩 잘하지는 않지만, 그래도 반에서 중상위권 정도의 성적은 유지하고 있다. 아버지는 의사이고 어머니는 대학교수이다. 학교 끝나면 학원에 가고, 영어와 수학은 별도로 과외 수업을 받는다. 초등학교 때부터 계속해 온 생활이다.

이 두 친구의 이십 년 뒤 모습을 지금 예측할 수 있을까? 물론 어렵다. 인생은 길고 긴 마라톤이고, 그 중간에 생각하지도 못했던 어떤 일들이 벌어질지 알 수 없기에, 그 누구도 한 개인의 삶을 예측하지는 못한다. 하지만 비교적 가능성이 높은 미래상은 추측해 볼 수 있다. 2008년 대한민국에 살고 있기 때문에.

첫 번째 친구는 흔한 말로 '빡쎄게' 공부해서 고등학교 3학년 때까지 지금의 성적을 유지할 수도 있지만, 조금 성적이 떨어질 확률이 더 높다. 아마 SKY 대학을 가기는 힘들 테고, 그나마 학비가 싸고 장학금을 받을 수 있는 중상위권 국립대학을 갈 가능성이 크다. 그렇게 대학에 들어간 뒤에도 역시 열심히 공부해서 사 년 동안 좋은 학점을 따고 졸업한다. 운 좋게 대기업에 취직할 수도 있지만, 수십 통의 이력서를 쓰고 어렵게 중소기업에 취직할 가능성이 더 크다.

십 년 넘게 열심히 일하면서 그동안 결혼도 하고 아이도 낳았다. 아이 키우는 데는 점점 더 많은 돈이 들어가고, 이 년마다 전세금을 올려 주거나, 새로 전셋집을 얻기 위해 전전긍긍한다. 당장 매달 들어가는 돈도 만만치 않고, 대출금도 갚아야 하기 때문에 쉽지 않다. 얼른 내 집도 마련하고 아이가 커서 대학 보낼 때까지 들 목돈도 마련해 놔야 한다.

두 번째 친구에게는 좀 더 다양한 가능성이 있다. 족집게 학원과 과외를 두루 섭렵하고 스스로도 역시 빡쎄게 노력해서 외고를 가거나, 중학교 1, 2학년 때 유학을 다녀왔다면 조금은 쉽게 외고에 들어갈 수도 있다.

그리고 나서 운이 좋으면 SKY 대학을 갈 수도 있고, 한 단계 낮은 학교이지만 법대나 의대를 갈 수도 있다. 물론 사 년 동안 어학연수도 다녀올 테고, 그럭저럭 졸업을 한다. 운 좋게 대기업에 취직할 수도 있고, 의대를 들어갔다면 조금 힘들지만 의사가 되어 아버지가 도와준 덕에 개인 병원을 차릴 수도 있다. 이도 저도 아니면, 대학 졸업하고 미국에 유학 가서 MBA(경영학 석사) 학위를 따 온 뒤 그럴듯한 기업에 취직하거나 개인 사업을 할 수도 있다.

어쨌든 결혼하고 아버지가 마련해 준 집에서 아이를 키우며 산다. 집값은 계속 뛰고, 개발 예상 지역에 땅을 사 놓을까 고민 중이다. 아이 역시 자기처럼 어릴 때부터 과외와 학원을 두루 섭렵하고 있다.

가난의 대물림과 신귀족의 등장

물론 모든 일용직 비정규직 노동자의 자녀가, 또 모든 의사 교수의 자녀가 다 위와 같은 길을 가지는 않는다. 흔한 말로 개천에서 용이 날 수도 있고, 대박이 쪽박 될 수도 있다. 하지만 대다수의 사람들은 위와 같은 시나리오대로 살게 될 가능성이 더 높다. 2008년 대한민국에서는 더 이상 개천에서 용이 나지 않으며, 여전히 부자는 삼대가 가기 때문이다.

길고 긴 인생에서 수많은 경쟁을 피할 수는 없고, 그 결과로 소수의 승자와 다수의 패자가 나오게 된다. 저 두 친구들 역시 결국 승자가 되거나 패자가 될 수밖에 없다. 그리고 이 게임에서 부자 부모를 둔 친구가 가난한 부모를 둔 친구에 비해 승자가 될 가능성이 크다는 사실을 부인할 수는 없다.

이런 일들이 반복되면, 부자는 자연스럽게 더욱 부자가 되고, 가난한 사람들은 더욱 가난해지게 된다. 이것을 흔히 '가난의 대물림'이라고 한다. 그리고 이런 일들이 다시 몇 번 반복되면, 꼭 법으로 정하거나 제도를 만들지 않더라도 자연스럽게 사회에는 신분제가 등장하게 된다. 이러한 일은 자연스럽지만, 물론 효율적이지는 않다.

우리나라도 불과 백여 년 전만 해도 양반이 있어서, 그들은 많은 땅을 갖고, 높은 벼슬을 살았다. 그런데 이러한 신분제도가 다시 생겨나고 있는 현상은 어떻게 보면 자연스럽지 않고, 효율적이지도 않은 데다, 정의로운 일은 더더욱 아니다.

현대의 국가는 신분제도를 없애고 모든 국민들에게 시민권을 부여하면서, 적어도 모든 사람들이 법 앞에 평등하며, 행복을 추구하면서 살아갈 수 있도록 하자는 약속 위에 서 있다. 그러나 현실에서는 어떤 경제구조 안에서도 부자와 가난한 사람이 생겨나게 된다. 그래서 우리는 최소한 인생의 출발선, 특히 교육의 기회는 공평하게 갖자고 약속했다.

바로 형평성이라는 원칙이고, 이 원칙을 지키기 위해 공교육과 의무교육이라는 장치를 만들었다. 이런 장치를 통해서 집이 부자이거나 가난하거나 상관없이 누구나 공평하게 같은 출발선에서 시작해 인생을 살 수 있도록 하자는 약속은 하나

의 건국 정신이다. 한국 역시 마찬가지였다.

어떤 나라들은 지금까지 이런 형평성을 나름대로 잘 유지하고 지켜 온 반면, 우리는 어떤 이유에서인지 지난 십 년 전부터 이 약속을 잘 지키지 못하고 있다.

이제는 더 이상 부자와 가난한 사람들이 공평하게 같은 출발선에서 시작한다고 이야기하기 어려워졌고, 현실적으로 '신귀족'이라고 불리는 사람들이 등장하게 되었다. 그 반대편에 있는 대다수가 바로 '88만원 세대'라고 할 수 있다. 경제학자로서, 지금의 십대들이 이 난관을 뚫고 어떻게든 대학을 졸업하고 나면 어느 정도 소득을 얻게 될지 계산해 본 결과가 88만 원이었다.

'두 친구 이야기'에서 볼 수 있는 의사, 변호사, 부자 부모, 유학, 사교육, 일류대학 같은 공통분모를 갖고 있는 사람들, 이들은 Winner다. The winner takes all! 승자, 가진 사람, 부자가 모두 싹쓸이하는 세상, 이것이 바로 우리가 가파른 속도로 빠져들고 있는 승자독식의 세상이다.

승자독식의 사회에서는 결국 누구나 이기겠다고 발버둥을 칠 수밖에 없는데, 이를 '정글의 법칙'이라고도 하고, '야만의 사회'라고도 한다. 제도와 법률이 무너진 나라에서 생겨나는 자연스러운 현상이기는 하지만, 결국 국민경제의 효율성도 떨어지고, 대부분의 국민은 가난해질 수밖에 없다.

한국 경제의 현주소, 8자형 구조

어떻게 해서 이토록 비효율적이고 결코 정의롭지도 않은 경제구조가 우리 사회를 지배하게 되었을까? 분명 최소한의 형평성을 지켜 내기로 약속을 했음에도 그 약속은 언제 그랬냐는 듯 왜 깨져 버렸을까? 이 야만의 사회는 언제까지 계속될까?

이를 알아보기 위해서, 현재 한국 사회의 경제구조가 정확히 어떤 모습을 하고 있으며, 다른 사회의 경제구조와는 어떤 차이를 갖고 있는지, 그리고 앞으로 어떤 방향으로 흘러갈지 조금 더 차근차근 살펴볼 필요가 있다.

여기서 경제학의 힘을 살짝 빌려 보자. 경제 내부를 인식하는 데는 몇 가지 방법이 있는데, 우리에게 익숙한 도형을 가지고 살펴보자.

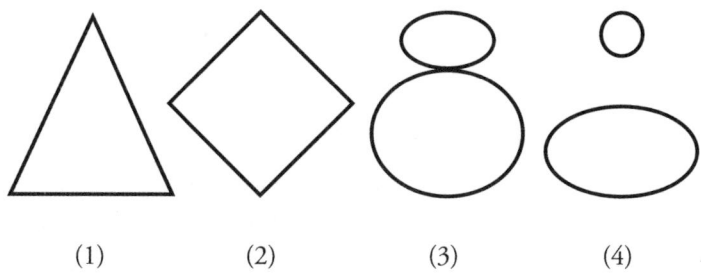

(1)   (2)   (3)   (4)

만약 한 사회의 사람들을 돈이 많은 순서대로 위에서부터 아래로 점을 찍어 나타낸다면, 위의 (1), (2), (3) 가운데 하나가 될 가능성이 높다. 물론 이론적으로는 부자가 아주 많고, 가난한 사람은 아주 적은 가분수형, 역삼각형 모양도 생각해 볼 수 있지만, 이런 모습의 경제를 실제로 본 경우는 없다.

(1)번은 보통 피라미드형이라고 하는데, 정상적인 사회의 인구구성은 대부분 이런 식이고, 대부분 자연 생태계 내부의 연령별 구성도 이와 비슷하다. 아주 많이 태어나고, 장년에는 그 수가 훨씬 줄어들고, 노년에는 아주 조금만 남아 있는 형태이다. 경제에서도 매우 자연스러운 구조인데, 중세와 초기 자본주의 사회도 이렇게 생겼다. 경제 정책이나 문화적 배려 같은 장치를 통해 인위적으로 개입하지 않는다면, 자연스럽게 경제는 이렇게 피라미드형 구조를 가지게 된다.

그러나 이 구조에서는 사회적 갈등이 높아지게 된다. 아주 적은 사람들만 행복하고 대부분의 사람들은 살기가 힘들기 때문이다. 자본주의 이전 사회에서 주기적으로 혁명이나 반란이 일어났던 것도 다 이런 이유 때문이었다.

이러한 사회에서는 어쩔 수 없이 외부에서 부를 가져와서라도 가난한 사람들의 몫을 늘리려고 하게 된다. 19세기부터 많은 제국주의 강대국들은 다른 나라를 식민지로 만들어 그곳에서 부를 가져왔고, 이 상황이 극한으로 치닫게 되면서 20세기초 인류는 두 차례에 걸친 세계대전을 겪을 수밖에 없었다.

이런 일을 겪고 나자, 소위 선진국들은 피라미드형 구조가 자연스럽기는 하지만 사회적으로는 안정되지 않은 형태임을 깨닫게 되었고, (2)번과 같은 마름모형 구조로 옮겨 가기 위해 노력하였다.

'복지국가', '선진국형 경제', '허리가 두툼한 경제', '인간의 얼굴을 한 자본주의' 등 그 이름은 많지만, 어쨌든 자본주의 국민경제로서 가장 안정적인 상태를 가지는 구조라고 한다. 중간 계층에 해당하는 사람들이 아주 많고, 아주 부자이거나 아주 가난한 사람들이 줄어든 상태라고 할 수 있는데, 이 상태에서 사람들은 극빈층에 대해서도 지원할 수 있는 마음의 여유가 생기게 된다.

(3)번의 8자형 구조는 '모래시계형'이라고도 하는데, 큰 윗부분과 이보다 더 큰 아랫부분 두 개로 완전히 나누어진 눈사람 같은 모양이다. 마름모형에서 허리 부분이 사라지고 다시 두 개의 덩어리로 나누어진 상태이다. 중간 계층의 일부가 위쪽으로 옮겨 가고 대부분의 사람들은 아래쪽으로 내려갈 때, 소위 '양극화'가 진행될 때 이런 모습이 나타난다. 이런 경제구조가 발생할 때 당연히 사회 안에서는 갈등이 심각해진다. 부자는 더 살기가 좋아지고, 중산층은 하층으로 떨어지고, 가난한 사람들은 더욱 좌절하게 된다.

엄격한 신분제 사회에서 이런 구조가 생겨났다면, 그 구성원들은 운명을 역사적으로 주어진 어쩔 수 없는 것이라고 조금 쉽게 받아들일지도 모른다.

하지만 자본주의 사회는 "당신도 부자가 될 수 있다."며 공평한 출발점을 약속하고, 형식적일지라도 형평성이라는 이념 위에 서 있다. 따라서 마름모형 구조에서 8자형 구조로 전환될 때, 아랫부분의 당사자들은 매우 고통스럽고 그 사실을 받아들이기 어려울 수밖에 없다.

이 상태가 조금 더 진행되면 윗부분과 아랫부분이 완전히 떨어져 버려 (4)번과 같은 모양을 갖게 된다. 이를 특별히 '중남미형 경제'라고도 한다.

실제로 1950년대까지만 해도 중남미 국가 가운데 몇몇은 마름모형으로 조금씩 바뀌는 중이었고, 아르헨티나는 세계 5위의 경제대국이었지만, 1970~80년대를 거치면서 브라질, 멕시코, 아르헨티나 등 나름대로 경제대국이던 나라들의 경제구조는 부자와 빈민, 두 계층만 있는 (4)번과 같은 형태로 바뀌었고, 사회는 대단히 불안하게 되었다. '양극화'를 비롯해 요즘 우리나라에서 자주 쓰는 용어들이 대부분 이 시절 중남미 경제를 지칭하기 위해서 생겨난 단어들이다.

한국도 1980년대 중후반 잠깐 마름모형에 가까운 구조를 만들었던 적이 있다. 하지만 지난 오 년 동안 아파트 가격이 폭등하고 산업별 독과점화가 강화되면서 8자형 구조에 가까운 모습으로 바뀌고 있는 중이다. 그리고 많은 사람들은 한국이 중남미형 경제로 자연스럽게 전환되리라 예상하고 있다.

약한 고리의 붕괴와 8자형 구조의 비극

세계 경제가 가장 좋았던 때는 제2차 세계대전이 끝난 뒤부터 석유파동이 일어난 1970년대 중후반까지라고 할 수 있는데, 보통 이 시기를 '영광의 삼십 년'이라고 한다. 대부분 선진국들이 이때 마름모형 구조를 만들어 냈고, 노동자들의 생활도 풍요로워져 '노동 귀족'이라는 말이 등장하기도 했다. 이렇게 생활이 윤택해진 노동자들이 '관광tourism'이라는 새로운 방식으로 해외여행을 다니기 시작한 때이기도 하다. 경제학에서는 이때의 경제체제를 '대량 생산, 대량 소비' 혹은 '포디즘'이라고 한다.

이 대량 생산의 시기는 1990년대에 끝나고, 세계화라는 또 다른 흐름으로 들어가게 된다. 대부분의 국가들이 크고 작은 경제 위기를 맞게 되고, 한국은 IMF 경제 위기를 맞은 때이다. 이때 마름모형 구조를 지켜 내려고 하는 나라든 그렇지 않은 나라든, 강도의 차이는 있을지 몰라도, 어쨌든 사회적으로 가장 '약한 고리'에 해당하는 사람들에게 고통이 집중될 수밖에 없다.

프랑스와 독일 같은 유럽 국가는 영광의 삼십 년 동안 청소나 막일 같은 '고단한 노동' 분야를 이민자들로 채웠고, 이민자들은 대부분 도시 근교에 모여 살았다. 21세기에 들어서면서 이런 이민자 2세들에게 고통이 집중되기 시작했는데, 그들이 바로 그 사회에서 가장 약한 고리였던 것이다.

최근 유럽에서는 8자형 구조로 바뀌는 흐름을 어떻게든 막아 보려 하는 경제 정책을 펴고 있는데, 그럼에도 이민자 2세와 이십대 일부에게 고통이 집중되는 현상을 막기에는 힘들어 보인다.

미국에서는 유색인종이 이런 약한 고리라고 할 수 있는데, 미국 노동 정책은 약한 고리에 고통이 집중되는 현상이 미국 사회의 붕괴로까지 이어지지 않도록 여러 가지 방식으로 유색인종에 대한 보완책을 세우려 하고 있다.

한국에는 유럽이나 미국 사회처럼 이민자 2세, 유색인종 같은 약한 고리가 존재하지 않는다. 한국에서는 결국 내가 88만 원 세대라고 부른 이십대들에게 이러한 고통이 집중되고 있다. 물론 약자인 사람들이 또 있다. 여성, 비수도권 거주자, 고졸 학력자에 해당하는 사람들로, 이들 역시 지금 존재 자체가 위태로울 정도로 심각하게 고통을 받고 있다.

이러한 일련의 흐름을 '다음 세대에 대한 착취'라고 할 수 있는데, 이십대 비정규직의 일반화, 십대 아르바이트에 대한 가혹한 노동 착취 같은 구조의 밑바탕에는 8자형 구조로 바뀌면서 생긴 속사정이 있다.

　중산층이 붕괴되는 이러한 상황에서 저가의 노동 공급은 거의 무한대에 가깝다. 따라서 누군가 일부러 이런 사태를 완화시키려고 노력하거나 정부에서 일정한 가이드라인을 만들지 않는다면 결국 약한 고리에 있는 사람들이 견딜 수 없는 극한 상황까지 치달을 수밖에 없다.

　이때 필요한 것이 바로 약자들에게 지나친 불이익이 집중되지 않도록 하는 사회적 장치들이다. 또 다른 약한 고리인 노동자들은 노동조합이, 여성들은 여성단체가, 장애인들은 장애인단체가 대변하면서, 미약하나마 이러한 고통을 줄이기 위해 자기 목소리를 내고 있다.

　하지만 지금 한국에서 가장 약한 고리인 이십대는 여러 가지 이유로 자신들을 대변할 아무런 장치를 갖고 있지 못하다. 결국 8자형 구조로 바뀌면서 생기는 여러 가지 불이익은 그들에게 집중될 수밖에 없다.

　이긴 자가 다 갖는 승자독식이라는 게임의 법칙은 8자의 아래쪽에 있는 사람들로 하여금 엉뚱한 희망을 갖게 하고, 그들의 관심을 딴 데로 돌리도록 할 뿐이다. 소위 '우아한 직업'이라고 불리는 대기업 정규직, 5급 이상의 공무원, 공기업 정규직은 5%가 채 넘지 않는데, 이들 역시 자신의 임금만으로 내 집을 마련하고 진짜 중산층 수준을 유지하면서 살기가 그리 쉽지는 않다.

결국 몇 세대를 걸쳐 살펴보면, 승자가 되느냐 패자가 되느냐를 결정하는 단 한 가지 변수는 부모의 재산이라고 할 수 있다. 부모가 부자면 자식도 부자가 되고, 부모가 가난하면 자식도 가난하게 되는 단순하고 살벌한 게임이 8자형 경제구조의 특징이다.

다음과 같은 질문에 답을 해 보면 이 게임은 더 쉽게 이해된다. 부모가 서울에서 살고 있다면, 그 자식도 서울에서 살 수 있을까? 부모가 집이 두 채가 있다면 그럴 수 있지만, 그 경우가 아니라면 현재의 주택 가격 체계에서 그 자식이 서울에서 살기는 힘들다. 전세가 가볍게 1억 원을 넘는 상황에서 결혼하여 독립한 중산층 2세들이 자신의 힘만으로 서울에서 살 수 있는 가능성은 사실상 없다.

하지만 승자독식은 생각처럼 간단한 게임이 아니기도 하다. '두 친구 이야기'에서도 잠깐 말했듯이, 공부에서 이겼다고 해도 말 그대로 이긴 자가 다 갖는 상황은 쉽게 오지 않는다는 뜻이다.

부모가 부자가 아니라면 공부에서 승자가 된다고 해도 별 희망이 없다. 한국 사회는 분명 학력 경쟁의 구조이지만, 그 여파는 그다지 길지 않다. 대기업 정규직이라면 사십 대에, 그리고 공무원이 되었다면 현재와 같은 민영화 흐름에서는 오십 대에 일터에서 나와야 한다. 승자가 되었든 패자가 되었든 불행하게 되는 것은 마찬가지이다. 그저 시간의 차이가 조금 있을 뿐. 이게 바로 8자형 경제구조의 비극이다.

밖에서 보면 이런 상황에 들어가는 일은 바보 같지만, 정작 이 구조 안에 들어가면 이런 모습이 잘 보이지 않고, 최선을 다해서 승자가 되면 아무 문제없다고 생각하게 된다. 8자형 구조로 바뀌는 초기에는, 예를 들어 20% 정도까지는 적절한 삶이 보장되었다고 하자. 그러나 이 20%는 곧 5%, 1%로 줄어들게 되고, 8자형 구조로 완전히 바뀌면 학력 경쟁에서 승리해도 패해도 아무 일도 벌어지지 않게 된다. 그런데 이 전환 과정에서 승자독식에 대한 칭송이 가장 높아지게 된다. 8자형 구조가 원래 그런 특징을 갖는다.

지금 한국에서 십대와 이십대에게는 "이겨야 한다."는 말이 어떠한 말보다 절실하다. 이러한 현실이 바로 우리가 8자형 구조로 바뀌어 가고 있다는 증거 가운데 하나이다. 이런 흐름 속에서 사회는 이십대를 비정규직으로 착취하고, 아직 이십대가 되지 않은 십대들을 아르바이트로 착취하면서 번영을 유지하려고 하는데, 불행히도 이 번영은 그렇게 오래가지 못한다.

사실 승자독식이라는 말이 한국 사회에 등장한 지는 오 년도 채 되지 않는다. 그전까지만 해도 관용이라는 뜻을 갖고 있는 '똘레랑스'라는 말이 유행했음을 생각해 보면, 시간의 간격과 말의 간격이 참 차이가 많이 난다.

생태계에서 배워야 할 것

지난 백 년 동안 많은 사람들은 다윈이 이야기한 '적자생존'을 "강한 자가 살아남는다."라고 배웠다. 더 나아가 한국인들은 그 말을 "강한 자가 모든 것을 갖는다."라고 해석했다.

하지만 경제 위기와 그에 따른 사회 불안을 겪은 선진국들은 약자들이 떨어져 나가지 않을 수 있는 방법에 대해 고민하기 시작했다. 물론 아직까지는 미흡하지만 적어도 '강한 자만 살아남는 일'이 경제를 위해서도 좋지 않고, 더구나 강한 자가 '모두 다 갖는' 구조는 경제를 아주 나쁘게 만들게 된다는 사실을 점차 이해하게 되었다.

이러한 과정을 통해서 선진국 경제는 생태계와 아주 조금 비슷해졌다. 자연계를 보면 '가장 잘 적응한 것'이 항상 '가장 강한 것'은 아니다. 곰팡이, 박테리아 같은 미생물들은 눈에 잘 띄지는 않지만, 이들이 없으면 생태계의 먹이사슬은 파괴되고 만다. 사람들 눈에는 보잘것없어 보여도 생태계의 안정성을 위해서 중요한 역할을 하는 것들을 니치 niche라고 한다. 이처럼 주어진 구조 속에서 니치까지 포함해서 모두 함께 노력해야만 전체 생태계를 만들어 나가고 유지해 나갈 수 있다.

인간이 기본적인 욕망대로 살아갈 때 사회는 피라미드형이다. 강자가 약자 위에 서고, 약자들은 강자에게 무엇인가 빼앗기고 있는 사회이다. 여기서 더 나아가 사람들은 국가를 만들고, 조금 더 많은 인간들이 편하게 지낼 수 있는 마름모형 사회를 만들어 냈다. 하지만 이 상태는 불안정하여 구성원 전체가 서로에 대해 이해하고 노력해야만 유지된다. 그래서 마름모형 사회에서 국가는 구성원들이 소위 문화적 지성을 어느 정도 갖출 수 있도록 하는 교육, 문화 같은 장치를 만든다.

그런데 국가가 이 역할을 제대로 하지 못할 때 8자형 구조가 나온다고 할 수 있다. 지금 한국 사회가 바로 이 상태로 들어가는 길목에 서 있다. 이러한 승자독식 사회는 자연스러운 욕망을 넘어 지배층의 야망만을 채우는 시스템이다. 하지만 이 체계는 지속성을 갖지 못한다. 곧 다음 단계로 넘어가게 되는데, 혁명이라는 과정을 통해 상황을 완화시키려고 하거나, 파시즘을 통해 위쪽 블록이 아래쪽 블록을 완전히 장악하는 상황이다. 한국은 파시즘의 흐름으로 갈 가능성이 대단히 높다. 그래서 지금 십대가 이십대가 되었을 때, 이십대의 경제적 상황은 훨씬 더 불행해져 있을 가능성이 높고, 사회적으로는 민주주의가 실종된 파시즘 사회가 될 가능성이 높다고 예상할 수밖에 없다.

현재의 상황에서 혁명과 파시즘이라는 극단적인 흐름 말고는 대안이 없을까? 아마 마름모형 경제구조로 되돌리기 위해서 우리가 해볼 수 있는 거의 유일한 시나리오는 소위 '생태 경제적', '문화 경제적' 전환을 동시에 이루는 일뿐이지 않을까

한다. 문화적 토대를 튼튼하게 하고, 에너지와 자원의 소비는 줄이면서, 경제에서 공적인 영역, 사회적 영역의 비중을 높이는 일 말이다.

자원이 적은 한국에서 누구나 자원을 많이 쓰고자 한다면 균형을 찾을 수 없고, 더구나 더 많은 자원을 소수의 승자가 쓰면서 중산층을 복원하는 길은 사실상 불가능하기 때문이다. 한국이 19세기 유럽처럼 식민지에서 부를 수탈해 온다면 국내의 구조 문제를 조금은 해결할 수 있겠지만, 이는 가능하지도 않을뿐더러 이러한 방식 역시 지속가능한 모델이 아니다.

승자독식은 마름모형 구조에서 8자형 구조로 바뀔 때 일시적으로 나타나는 착시 현상이다. 구조 전환이 끝나면, 사실상 신분제가 정착되고, 두 집단의 분리가 마무리되어, 아예 "경쟁하자!"라는 말조차도 필요가 없는 상태가 된다. 사는 곳이 분리되고, 학교가 분리되고, 생활양식이 완전히 분리된 상태에서는 승자독식이라는 얘기도 사라진다. 현재 중남미에 '승자독식'이라는 말이 없는 이유는 완전히 분리가 끝난 사회이기 때문이다.

1960~70년대 유럽의 마름모형 구조는 대량 생산과 대량 소비 체제 위에 서 있었는데, 이 역시 생태적으로 지속가능하지 않은 형태이다. 지금의 모색기가 끝나면 어떤 국가들은 다시 안정적인 마름모형 구조로 복귀할 테고, 어떤 국가들은 중남

미처럼 8자형 구조가 될 것이다. 다만 한 가지 확실한 것은, 새로 등장할 마름모형 구조는 대량 소비가 아니라 '생태적 소비'와 '생태적 생산' 위에 서 있는 사회여야 한다는 것이다.

한국은 생태적 마름모형 구조를 만들어 낼 가능성이 희미하게나마 열려 있다. 나는 그 가느다란 가능성을 지금의 십대들과 이십대 일부가 가지고 있다고 본다. 그 열쇠는 생태계가 안정적으로 움직이는 작동원리를 이해하는 데에 있다. 승자독식, 그런 이상한 게임은 대단히 불안정하고, 비인간적이며, 동시에 비생태적이다.

1990년대 브라질은 아마존이라도 개발해서 먹고살아야겠다고 주장했다. 하지만 실제로 브라질 경제가 약간이라도 개선된 때는 아마존 보존으로 방향을 잡게 된 1990년대 후반과 시기가 맞아떨어진다. 생태계가 작동하는 원리란 결국 다양성, 공생, 협동, 견제 같은 개념들이다. 이런 가치들은 승자독식과는 아주 거리가 멀다.

협동과 연대의 재구성

승자독식을 벗어나기 위해서는 과연 어떠한 노력이 있어야 할까? 원리를 생각해 보면 의외로 간단하다.

경쟁에서 진 사람들에게도 최소한의 존엄성을 지킬 수 있도록 복지와 같은 장치들을 강화시켜야 한다. 또한 협동과 연대와 같은 경험들을 계속해서 만들어 내면 된다. 승자독식의 상황을 완화시키는 일은 그리 어려운 일이 아니다. 다만, 많은 사회구성원들이 조금씩이라도 그런 정신을 나누어 가질 수 있을 때에만 이미 형성된 승자독식 사회가 완화될 수 있다. 사실 어떤 경기에서 효율적으로 경쟁이 이루어지려면, 경쟁에 들어간 선수들이 협동하며 연대하는 생각을 가져야 한다. 그러나 이런 생각이 저절로 생겨나지는 않는다.

말레이시아의 중·고등학교에서 벌어지고 있는 일들을 잠깐 살펴보자. 십 년 전까지만 해도 도시락을 싸오는 학생들은 점심을 먹고, 그렇지 못한 형편의 학생들은 굶었다(물론 한국에도 아직 결식아동이 상당히 많다). 그런데 학생생활협동조합이 만들어지면서 이제는 굶는 학생이 없다.

좀 넉넉한 학생들은 급식비를 내고, 그렇지 못한 학생들은 학생생활협동조합을 통해 배식과 조리의 임무를 맡고, 그 대신 점심을 먹게 되었다. 가난한 학생이나 부유한 학생이나 이런 학교에서는 단순히 지식만이 아니라 협동하는 방법과 연대의 정신을 배우게 된다.

많은 말레이시아 학생들에게 더 이상 학교는 단순히 공부만 하거나 경쟁하는 곳이 아니다. 집에서는 굶을지 몰라도 학교에서는 친구들과 함께 밥 먹고 놀 수 있다. 학교는 삶의 중요한 기반이며 가장 즐거운 곳이다. 지금이야 한국이 말레이시아보다 세계 경제 순위가 높지만, 십대들이 어른이 되었을 때에도 지금과 같을지는 장담할 수 없는 일이다.

세계적으로 지식경제라는 추세가 강화되는 상황에서, 한 가지 잊지 말아야 할 것이 있다. 지식이 생겨나는 과정은 생태계에서 볼 수 있는 협동과 진화와 마찬가지라는 점이다. 학교에서 하는 공부와는 달리, 경제와 상관있는 지식이란 여러 사람들의 머리와 정성이 모여야만 생긴다.

앞으로 이십 년 뒤 지금의 십대들은 다른 세계의 십대들과 경쟁하게 될 텐데, 다른 세계는 지금 한국처럼 황당한 승자독식 상태에 있지 않다는 점을 생각해 보면 좋겠다. 더 큰 세계적 경쟁을 위해서라도 협동과 연대는 21세기 상황에 맞게 재구성되어야 한다.

© Fair Trade Foundation

비싼 돈 주고 사는 건 바보짓이라고?

그 아름다운 바보짓이 세상을 살려!

착한 커피와 공정무역 이야기 | 강수돌

강수돌

'대학교수'와 시골 마을 '이장', 어찌 보면 우리 사회에서는 잘 어울려 보이지 않는 두 가지 삶을 사는 이. 강수돌은 고려대학교 세종캠퍼스에서 경영학을 가르치는 교수이자, 그가 살고 있는 조치원 신안1리 마을 이장이기도 하다. '돈벌이'를 위한 경영이 아닌 '삶'을 위한, 곧 일과 사람, 그리고 세상살이의 풍요로움을 위한 경영에 관심을 두고 산다. 그런 관심을 갖고 삶을 일구는 이에게 '대학교수'와 '이장'의 겸직은 오히려 잘 어울려 보인다.

'착한 커피'가 뭐야?

아니, 커피가 착하다니, 참 별난 일도 다 있네. 도대체 '착한 커피'가 뭐지?

어른들은 물론 청소년들도 자주 마시는 커피의 원료, 즉 원두는 동티모르, 네팔, 히말라야, 에티오피아, 우간다, 콜롬비아, 브라질, 쿠바, 페루 같은 지역에서 난다. 그런 가난한 나라에서 커피나무를 재배하는 농민이 1킬로그램의 원두를 팔고 손에 쥐는 돈은 100원 안팎이래. 하루 종일 일하고도 고작 1~2달러를 벌어. 그런데, 웃기게도 런던이나 뉴욕 등 선진국에서 팔리는 커피의 소비자 가격은 생산자가 받는 것의 200배에 가까워. 흠, 뭔가 이상하지 않니?

요약하자면, 가난한 나라의 생산자는 뼈 빠지게 고생하는데, 잘사는 나라의 소비자는 편안하게 즐기며 유통업자는 대량 판매로 천문학적 이윤을 거둬들이고 있는 셈이지. 한마디로, 불공정하고 부당하다는 거지. 그래서 그 대안으로 등장한 게 바로 '착한 커피'야.

'착한 커피'란 소비자들이 유통업자를 거치지 않고 직접 생산자들과 연결하여 커피 원두를 적정가격으로 사는 거야. 그렇게 하면 유통 마진을 없애는 대신 가난한 나라의 유기농 커피 생산자들이 좀 더 잘살도록 도울 수 있지.

그런데 이건 커피에만 해당하는 게 아니야. 우리가 즐겨 마시는 코코아나 차, 바나나, 망고, 설탕, 올리브유, 옷, 축구공 같은 것도 마찬가지지. 이런 움직임을 국제무역 차원에서는 '공정무역 Fair Trade' 운동이라 하고, 소비자 입장에서는 '윤리적 소비' 운동이라고 해. 갈수록 중요해지는 '윤리적 소비'란 설사 좀 비싸더라도, 또 좀 귀찮더라도 기존 습관에서 벗어나 보다 건전한 소비를 하자는 거야.

예컨대, 아동 노동으로 만들어진 스포츠 용품이나, 현지 소작농한테 헐값에 원두를 사오는 커피 체인점 등을 피하는 일이 그런 것이지. 또 차를 타고 가야 하는 대형 마트 대신 가까운 동네 가게를 이용하고, 화학비료를 쓰지 않는 유기농산물을 먹는 일, 유전자변형 식품 GMO을 거부하고 되도록 재활용품과 중고품을 쓰는 일도 하나의 윤리적 소비이지.

여기서 보다 자세히 알아보고자 하는 공정무역이란, 선진국과 후진국 사이의 불공정 거래를 막고 제3세계 후진국 생산자들이 만든 좋은 물품을 제값에 직거래함으로써 원조 대신 정의로운 거래를 통해 빈곤 문제를 해결하려는 운동이지. 그래서 제3세계의 가난하고 소외된 사람들에게 경제적으로 자립할 수 있게 지원함으로써 삶의 희망을 주려는 거야. 영국 런던 정경대학의 데이비드 랜섬 교수가 말하듯 "기존의 무역은 사람이 없는 무역이지만, 공정무역은 그들의 힘겨운 이야기를 직접 들어 보는 것."이라 할 수 있지.

재미있게도 '착한 커피' 바람이 불어 대니 세계적인 다국적 기업들도 이런 윤리적 소비 운동을 대거 받아들이고 있어.

예컨대, 우리나라에도 많은 스타벅스는 2000년부터 커피 원두를 시장가격보다 2배 정도 높은 가격에 구입하고 전체 물량의 30%를 커피 재배 농민들과 직거래로 조달하는 식으로 공정무역에 동참하고 있지. 2006년에만도 자그마치 1,800만 파운드의 공정무역 커피를 구매했대. 이는 스타벅스가 2006년에 구매한 커피 원두의 6%에 해당하는 양이래.

그런데 스타벅스만 윤리적 소비 운동, 즉 공정무역에 동참한 게 아니래. 네슬레나 미쓰비시 등도 소비자들의 지속적 압력에 손을 들었다는군. 그래야 자기들도 공정무역을 지원함으로써 기업의 사회적 책임CSR : Corporate Social Responsibility을 다하는 좋은 기업이라는 회사 이미지 관리가 되거든.

흠, 재밌지. 소비자들의 선택이 기업의 행위를 바꿀 수 있다니, 놀라운 일이군.

공정무역을 하면 도대체 나한테 뭐가 좋지?

'착한 커피' 운동처럼 공정무역을 통한 윤리적 소비를 하면 도대체 뭐가 좋다는 걸까? 그냥 아무 거나 값싼 거를 마시면 되지, 왜 굳이 값이 더 비싼 커피를 마시는 게 좋다는 걸까? 돈 벌기도 힘든데 비싼 돈 주고 착한 커피를 마시는 사람들은 혹시 바보가 아닐까? 내가 착한 커피를 마시는 것과 저 먼 나라의 가난한 사람들하고 무슨 상관일까? 가난한 사람을 도우려면 지금도 서울역이나 영등포역 같은 데서 노숙하는 사람들 도우면 되지, 뭐 하러 얼굴도 모르는 다른 나라 사람들을 돕는다는 게지?

그런데 그게 아니야. 공정무역을 하게 되면 여러 사회적 문제들을 해결하는 데 우리 자신도 주체적으로 참여하는 셈이야. 어디 한번 찬찬히 살펴볼까?

첫째, 아까 말한 대로 공정무역에 동참하면 가난한 나라의 생산자들에게 정당한 대가를 지불하게 되니 그들도 인간답게 살도록 돕는 셈이지. 선진국에서 후진국들 원조를 하거나 수출품을 사 준다고 하지만 실제로 농민과 같은 직접생산자들에게는 별 혜택이 돌아가지 않아. 게다가 힘센 선진국 기업의 요구에 따라 가난한 생산자들이 경쟁적으로 원료와 상품, 노동력을 헐값에 넘겨야 하니 계속 손해를 보게 되거든. 그만큼 더 벌기 위해 그들은 더 많이 일해야 하고, 결국 이들은 일을 계속해도 가난에서 벗어나기 어려운 악순환이 반복돼.

이렇게 갈수록 빈익빈 부익부 현상이 커지는 마당에 공정무역 같은 걸 통해 가난한 이들을 돕는 것은 '정의의 경제'를 실천하는 거야.

둘째, 공정무역을 하게 되면 그 나라 농민들도 누가 그 생산물을 소비하는지 알게 되니까 함부로 농약도 안 치고 제초제도 마구잡이로 쓰지 않아. 그래서 생산자 농민은 물론 소비자들의 건강도 좋아지게 되고. 게다가 소비자들은 공정무역 물품을 쓰면서 인간과 자연을 생각하는 철학까지 함께 나눈다는 자부심을 가져 기분도 좋아지지. 이렇게 공정무역이 이뤄지면 '건강의 경제'가 실현되는 셈이야.

셋째, 또 만약 커피나 올리브유 같은 농산물, 그리고 옷이나 카펫, 축구공과 같은 공산품의 국제 거래를 그냥 '자유 시장'에 맡겨 놓으면 어떻게 될까? 기업가가 경쟁이 치열한 '자유 시장'에서 자기 상품을 더 많이 팔아 큰 이윤을 남기려면 상품 가격을 최대한 낮춰 경쟁력을 확보해야 해. 그러려면 기업은 원료나 노동력을 더 싸게 구입해야지. 이 과정에서 흔히 자연 생태계 훼손이나 아동 노동 문제, 노동력 착취 같은 문제가 발생한단다. 그래서 자유무역이 아니라 공정무역을 하게 되면 농민, 노동자, 어린이, 자연 등을 구할 수 있지. 이렇게 공정무역이란 소비자와 생산자가 서로를 살리고 참된 관계를 맺는 '연대의 경제'라고 할 수 있지.

얼마 전, 어느 텔레비전 방송에서 이런 공정무역의 모범 사례를 소개한 적이 있지. 거기에는 세 개의 사례가 등장해. 예컨대, 프랑스의 운동화 제조사 '베자', 태국의 자스민쌀 생산조합, 네팔의 카펫 제조사 '포메이션 카펫' 등이 그런 모범 사례란다.

여기서는 폭리를 취하는 중간상인을 배제하고 생산자와 공정무역조합이 직접 거래하지. 이렇게 하면 생산품 가격을 유지하면서도 직접생산자에게 적절한 대가를 지불할 수 있어. 직접생산자 입장에서는 적정가격을 받고 생산량을 지나치게 늘리지 않아도 돼. 그래서 농민들은 유기농 경작을 해도 생계를 유지하기 쉬워. 농민 건강도 지키고, 환경 피해도 최소화할 수 있는 거지.

요컨대, 이 커다란 세상에서 '나 하나'가 작지만 지혜로운 선택을 할 때, 이웃과 지구를 살리고 기업도 바꿀 수 있는 '큰 일'에 동참할 수 있다는 것, 특히 가난에 시달리는 사람들의 고통을 외면하지 않고 그 고통 해소에 연대하는 것, 바로 이것이 공정무역이 우리 자신에게 주는 의미인 거지.

공정무역은 언제 시작했으며 현재 실태는 어떠할까?

이런 통계 수치 본 적 있니? 현재 지구촌의 65억 인류 중 약 1/4이 하루 1달러 미만으로 살고 있고, 그 중 70%가 여성과 아이들이래. 또 약 20억 명의 전 세계 어린이 가운데 1억 2천만

"기존의 무역은 사람이 없는 무역이지만, 공정무역은 그들의 힘겨운 이야기를 직접 들어 보는 것."

ⓒ Fair Trade Foundation

명의 어린이가 학교에 가지 못하며, 비슷한 수의 어린이들이 거의 노예 노동을 하고 있어. 또한 매일 3만 명의 어린이들이 굶어 죽어 가고 있어. 그리고 전 세계 농약의 80%가 후진국인 제3세계에서 사용되며, 농약 중독 사고의 99%가 제3세계에서 일어난대.

그런데, 이상한 점은 후진국 사람들이 게으르거나 나쁜 사람들이어서 평생 빈곤에 시달리는 것이 아니란 거야. 대부분은 우리들 시골 할머니처럼 순박하고 부지런하지. 그런데도 해가 갈수록 나아지기는커녕 빈익빈 부익부 현상이 깊어지지. 왜 그럴까?

그것은 대부분의 제3세계 나라들이 선진국의 식민지였거나 독립 이후 자유무역에서도 여전히 종속적 위치여서 진정한 자치와 자율을 실현하고, 자립할 수 있는 기회가 없었기 때문이지. 또 그런 구조 속에 이뤄진 경제 발전조차 내실이 없이 외형만 커졌던 탓이기도 하고.

특히 기존의 농촌공동체나 마을, 지역사회가 가진 인간적·자연적 유대의 끈들이 갈수록 해체되면서 사람들의 살림살이가 더욱 힘들게 되었지. 물론 극소수의 약삭빠른 이들은 강대국에 빌붙거나 경제 원조, 경제 개발 따위로 잘살게 되었지만, 대부분 풀뿌리 민중은 제아무리 부지런히 일해도 빈곤의 굴레를 벗어나기 힘들게 된 거야.

그 결과 오늘날 선진국은 1인당 GDP가 3~4만 불이고, 한국은 2만 불 수준이지만, 제3세계 나라들은 아직도 100불, 200불 수준이 많아. 부지런히 일한다고 될 일도 아니라는 것이 지난 수십 년 동안의 경험이지. 물론 꼭 소득이 높아야 행복한 건 아니지만 식의주 등 기본 살림살이가 위협받을 정도는 아니어야지.

바로 이런 상황 속에서 선진국의 양심적 사람들 사이에서 나온 것이 공정무역 운동이야. 한마디로, 선진국 사람들이 누리는 풍요는 후진국 사람들의 희생에 기초하고 있다는 반성, 그래서 선진국 사람들이 먼저 나서서 후진국 사람들로 하여금 빈곤의 고통으로부터 벗어나게 도와야 한다는 성찰이 공정무역을 탄생시킨 것이지. 처음엔 1950년대 유럽에서 태동했지만, 이제는 전 세계로 널리 번져나가고 있어.

공정무역은 1950년대 말 영국의 국제구호단체 '옥스팜'에서 중국 난민들이 만든 수공예품을 판매하면서 시작되었고, 1980년대 후반에는 '옥스팜'과 '텐사우전드빌리지' 같은 시민단체들이 제3세계의 정치적 민주화를 지원하기 위해 이 운동에 뛰어들면서 그 흐름이 대중화됐어. 특히 1989년, 전 세계 270개 공정무역단체가 가입한 국제공정무역협회의 출범 이후 지금은 세계적으로 그 운동이 활발하지.

특히 양심적 언론이 세계무역의 불공정을 고발하는 구체적 사례를 보여 주면서 양심적 소비자들이 대거 동참하고 있지. 예컨대, 1996년에 미국의 월간 〈라이프〉가 "어젯밤 당신이

150달러를 주고 샀을지도 모르는 나이키 신발을 만든 사람이 열두 살 된 파키스탄 어린이며, 그 아이가 하루에 받는 돈은 고작 2달러에 불과하다."라고 고발하자 많은 선진국 시민들이 깊은 충격을 받았지.

그런 반성 결과, 파키스탄 어린이를 착취해 만든 축구공을 판매하던 유명 스포츠업체들이 14세 이하의 어린이를 재봉사로 고용하지 않겠다는 협약을 체결하기도 하고, 서아프리카의 코트디부아르에서 소매가격의 6%밖에 되지 않는 돈으로 코코아를 구입해 팔던 기업이 제값을 주고 원료를 사들이라는 소비자의 압박에 못 이겨 공정무역을 선언하기도 했어. 공정무역 표시가 된 상품은 지난 5년간 해마다 평균 40%씩 늘고 있단다.

국제식품노조연맹 IUF의 농업협력 담당자 수 롱레이는 "공정무역은 아직 전 세계 농산물 무역 규모에서 일부분인 틈새시장 niche market이지만 자유무역이나 신자유주의의 한 대안이 될 수 있으며, 소비자 의식을 일깨우고 세계 식품산업을 주도하는 다국적기업을 견제하는 수단이 될 수 있다."고 말하지.

한 통계에 따르면, 2006년 전 세계 공정무역 제품 판매는 16억 유로(약 2조 1,500억 원)어치로, 2005년에 비해 42% 늘었대. 공정무역 인증 제품만 2,000여 개 품목이 유통되고, 700만 명 이상의 생산자들이 혜택을 보고 있어.

스위스에서는 판매되는 바나나 중 47%가 공정무역으로 들여온 것이고, 영국에서는 공정무역 원두커피의 점유율이 20%나 된다고 해. 독일에서는 노동, 환경, 기업이 위원회를 구성해 공정무역을 인증하는 제도가 있어. 예컨대 농산물이 유기농법으로 생산되도록, 또 농산품이 제값에 소비자에게 전달되도록 잘 감시하지.

이렇게 윤리적 소비 운동이 활발한 유럽에서는 공정무역이 50여 년의 오랜 역사를 지녔지만, 우리나라에서는 공정무역이 아직 생소한 개념이지. 그러나 2000년대에 들어와 공정무역에 대한 관심이 부쩍 늘었어.

2004년 두레생협이 필리핀 네그로스 섬의 마스코바도 설탕을 팔기 시작했고, YMCA·아름다운재단·여성환경연대도 커피, 의류 등의 공정무역 제품을 내놓고 있지. 또 '에코페어트레이드'의 온라인 사이트 등엔 공정무역으로 거래되는 커피, 직물, 설탕 등이 많이 나오고 있어. '착한 커피'나 '아름다운 커피' 같은 것도 이런 운동 속에서 나온 거야.

한국은행 노동조합은 2007년 11월, 한국생협연합회와 '윤리적 소비' 실천을 위한 물품 공급 협약식을 맺었어. 이 협약은 노동조합이 윤리적 소비 실천을 통해 친환경 유기농 운동을 펴는 농민이 생산한 농산물과 식품, 그리고 제3세계의 농민 공동체에서 생산해 공정무역으로 수입되는 제품을 소비하겠다고 다짐한 첫 사례라 큰 의미가 있다고 봐. 최근 강조되는 '1사1촌 운동'을 통한 농촌 살리기가 공정무역을 매개로 국경을 넘어 세계화할 수 있는 좋은 사례지.

다른 나라 여행도 '공정여행'으로 갈 수 있어. 어떤 평화운동가는 "관광산업은 전 세계적으로 매년 10%씩 성장하지만 관광의 경제적 이익 대부분은 G7 국가에 속한 다국적기업에 돌아간다."고 지적하지.

경제적 이익이 발생했다 다시 빠져나가는 누손율이 네팔 70%, 태국·코스타리카 각각 60%와 45%로 관광 수익의 절반 이상이 다국적 관광 자본을 통해 나라 밖으로 유출된다는 것이지. 그래서 '현지인'이 운영하는 숙소를 이용하고, 현지에서 생산되는 음식을 먹음으로써 지역사회를 살리는 여행을 하며, 현지 원주민을 통해 문화를 소개받는 것 등이 '공정여행'이라는 거야.

한마디로, 고생은 현지인이 하고 돈은 딴 사람이 버는 그런 잘못된 여행은 피하자는 거지. '이매진피스'의 이혜영님 말대로 '여행도 단순한 소비가 아니라 관계'라고 보아야 해. 그래서 '공정여행'도 결국 '공정무역'인 셈이야.

한편, 최근 '아름다운가게'가 전국 성인 1,000명을 대상으로 조사한 결과 공정무역 등 대안무역에 대해 아는 이는 3%로 나타났대. 아직 한국 사람들은 공정무역을 잘 모른다는 거야. 하지만 공정무역에 대한 설명을 하고 "품질에 차이가 없다면 조금 비싸더라도 구매할 의향이 있느냐?"는 질문에 응답자의

69.6%가 구매 의사를 밝혔다고 해. 앞으로 한국에서도 공정무역이 확대될 가능성이 크다는 거지.

새로운 문제나 한계는 없나?

그런데 말이야, 공정무역조차 아무런 문제가 없는 건 아니야.
　예컨대, 환경을 생각한다면 가까운 지역에서 나는 농산물을 소비하는 것이 옳은데도 수천, 수만 킬로미터 떨어진 곳에서 수입해 먹는 것은 에너지 낭비가 심하다는 지적이 있지. 그리고 공정무역 제품이 일반적으로 다른 제품에 비해 가격이 다소 높아 전 세계적으로 대중화하는 데 한계가 있다는 지적도 있지. 좀 여유가 있는 이들만 즐길 수 있다는 것이야.
　또 커피나 코코아를 제값에 사 주는 것은 좋지만 바로 그걸로 인해 후진국의 농민들은 돈벌이 경제에 편입되어 진정한 자립 구조를 만들기보다는 먼 외국의 수요에 끊임없이 의존하여 한두 가지 돈 되는 작물만 생산해야 한다는 것, 그리하여 언젠가는 땅이 황폐해지고 삶의 터전 자체를 잃게 될 수 있다는 문제도 있어.
　게다가 공정무역을 담당하는 사람들이 갈수록 직거래에서 떨어져 나와 독립된 사업가가 됨으로써 그저 또 다른 기업에 지나지 않게 되는 문제도 있겠지. 결국 공정무역의 최대 수혜 선진국에서 누리는 풍요는 후진국 노동자, 농민의 희생에 기초하고 있다는 반성으로부터 공정무역은 탄생했다.

ⓒ Fair Trade Foundation

자는 현지 노동자나 농민이 아닌, 공정무역 업체들인 경우가 많다는 거야.

그래서 어떤 이는 자본주의의 틀을 유지하는 한, 공정무역 체계는 결국 자본주의의 한계를 고스란히 드러낼 수밖에 없다고 비판하지. 특히 후진국 빈곤의 근본 원인인 정치·경제, 군사·외교, 사회·문화적 요인들을 외면하고 일부 품목들의 '공정거래'에만 치중할 경우, 단기적으로는 약간의 효과가 나타날지 모르나 장기적으로는 별 다른 효과가 없을 것이라는 평가도 있지.

물론 이런 지적들이 다 일리가 있지만 그렇다고 해서 공정무역 자체가 잘못된 것은 아니지. 이것을 하면서도 그것만으로 해결되지 않는 다른 부분들에도 관심을 가져야 해. 그런데 문제는 공정무역조차 그 자체가 내세운 가치들을 온전히 실현을 못하고 있을 때야.

예를 한번 들어 볼까?

2007년 여름에 '한겨레21'과 '여성환경연대'는 네팔의 대표적 공정무역 업체인 '마누시' 작업장을 방문했어. 그에 따르면, 말로는 공정무역이지만 '민주적 노동자' 또는 '주체적 생산자', '생태적 생산'과 같은 개념들은 아직도 현실화하지 못했대.

실제로, 네팔의 카트만두 시내에 위치한 '마누시' 공장엔 네 명의 여성이 수증기의 더운 열기 아래 매캐한 염색약품 냄새를 맡으며 염색 노동을 하고 있었어. 그들은 "가슴이 빡빡하고 아프다."고 호소했어. 화학약품에 오염된 물은 그대로 하수구로 들어갔고. 여기선 "서구 소비자들이 원하기 때문"에 천연염색보다 화학염색을 많이 한대. 마누시 매출의 65%는 화학염색을 선호하는 CTM·텐사우전드빌리지·옥스팜 등 서구 공정무역 업체들이래.

이렇게 공정무역 제품들이 인기를 얻으면서 자연스레 서구 시장주의에 편입되는 게지. 공정무역이 보호하려던 각 나라 고유의 가치들이 안타깝게도 빠르게 붕괴되고 있는 것이지. 흥미롭게도, 공정무역의 성공이 역설적으로 그 기반을 허무는 '이카루스 패러독스'가 나타나는 거야. 이게 모범적 공정무역 업체의 한 단면이라니 실망이기도 하지.

또 네팔에서 23년째 공정무역을 해온 또 다른 업체 마하구티 재봉 공장에서는 22명의 여성들이 빠른 손놀림으로 고양이 모양의 눈베개 eye pillow를 만들고 있었대. 노동자들은 한 달에 3천 루피(4만5천 원) 정도 받는대. 그러나 자신이 만든 눈베개가 얼마에 팔리는지, 눈베개를 사가는 사람은 누군지 모르고 있었대. 동료들이 모여 작업 환경이나 작업 내용에 대해 이야기하지도 않았고. 공정무역의 중요한 원칙 중 하나인 '민주적, 주체적 노동'의 모습을 찾을 수 없었던 거지. 그나마 직접 고용 노동자들은 의료 수당이나 보너스, 최저임금 등이 보장되나 나머지 90여 개의 지역 생산자그룹에겐 보장이 없다는 거야. 그래서 공정무역 업체라고 해서 노동과정이나 생산과정, 노동관계가 모두 건전하다고 보기는 어려운 게지.

앞으로 공정무역이 온전히 그 정신을 구현하려면 단순히 가격만 더 지불하는 것에 그칠 일이 아니라 생산과정 전반에 대한 관심을 늘리고 현지 생산자와의 인간적 유대를 증진하는 것이 매우 중요하다고 보아.

지금, 여기서부터 실천

이런 문제나 과제들이 있긴 하지만 공정무역의 정신은 매우 소중하지. 그것은 결국 사람과 자연을 모두 살리는 일이니까.

예컨대 네팔 동부의 한 오지 마을인 라스날로는 수도 카트만두에서 차로 여섯 시간을 간 뒤, 산길을 따라 다시 네 시간을 걸어야 겨우 들어갈 수 있는 가난한 마을이지. 이 마을은 전통적으로 종이를 생산해 왔지만, 판매처를 찾지 못해 주민들은 빈곤으로부터 벗어날 길이 없었지.

그러다 2007년 2월에 네팔의 공정무역 업체인 마하구티가 유엔개발계획 UNDP 프로그램을 통해 이 마을에서 생산된 종이 10톤 전량을 매년 사들이기로 했어. 마하구티의 대표가 마을 사람들이 다음 해까지 모두 먹고살 수 있도록 20만 루피를 먼저 지급하는 바람에 이 마을 사람들은 먹고살 걱정을 덜게 되

없지.

또 일본의 공정무역 단체 '네팔리 바자로'는 공정무역으로 번 수익의 일부를 네팔 차 공정무역 대표 업체 'KTE'의 차를 생산하는 마을의 아동교육 사업에 투자한대. 유니세프와 유네스코의 2004년 공동 조사에 따르면, 네팔 여자 어린이의 70%, 남자 어린이의 60%가 초등학교에 진학하지 못했대. 2001년 시작된 이 장학 프로그램으로 학교에 간 아이들은 2006년까지 모두 172명이래.

또 마하구티는 매년 수익의 40%를 '아시람'이라 하는 여성 교육 공동체의 운영비로 사용한대. 아시람은 적절한 교육 기회를 갖지 못한 여성들에게 먹을거리와 잠자리를 무료로 제공하며 옷감짜기, 봉제 기술, 간단한 산수 등을 가르친다고 해.

그리고 한국이나 일본의 시민단체에서 판매하는 동티모르산 '착한 커피'는 최근에 인도네시아로부터 어렵게 독립을 한 이 나라가 다시 경제적으로 강대국에게 종속되어 고통스럽게 살게 되지 않도록, 즉 정치적 독립에 뒤이은 경제적 독립을 도와주는 역할을 하고 있어.

그럼, 이제 우리는 과연 무엇을 할 수 있을까? 바로 지금, 여기서부터 할 수 있는 게 없을까? 참된 삶에서 가장 무서운 것은 무관심과 무지이지만, 일단 사태를 좀 알고 나면 중요한 건 실천이지.

제아무리 많이 느끼고 안다 할지라도 이 핑계 저 핑계 대면서 실천을 않는다면 '말짱 도루묵'이 되고 말겠지. 아무리 작더라도 하나씩 실천하는 가운데 우리는 참된 행복을 느낄 수 있을 거야. 그것은 우리가 바른 실천을 통해 이웃이나 자연과 아름다운 관계를 회복할 수 있기 때문이지.

자, 그럼 우리 동네나 자주 가는 곳 근처에 '공정무역' 물품이 있는 데를 한번 둘러나 볼까? 그리고 누가, 어디서, 무엇을, 어떻게 만들어 여기까지 왔는지 한번 자세히 알아볼까? 혹시라도 그 중에 맘에 쏙 드는 것, 자기한테 꼭 필요한 것이 있다면 하나만 사 볼까?

이때 꼭 명심할 것, 알지? 그런 나의 작은 행동 하나가 그걸 만든 사람과 '보이지 않는 연대'를 실천한다는 거 말이야!

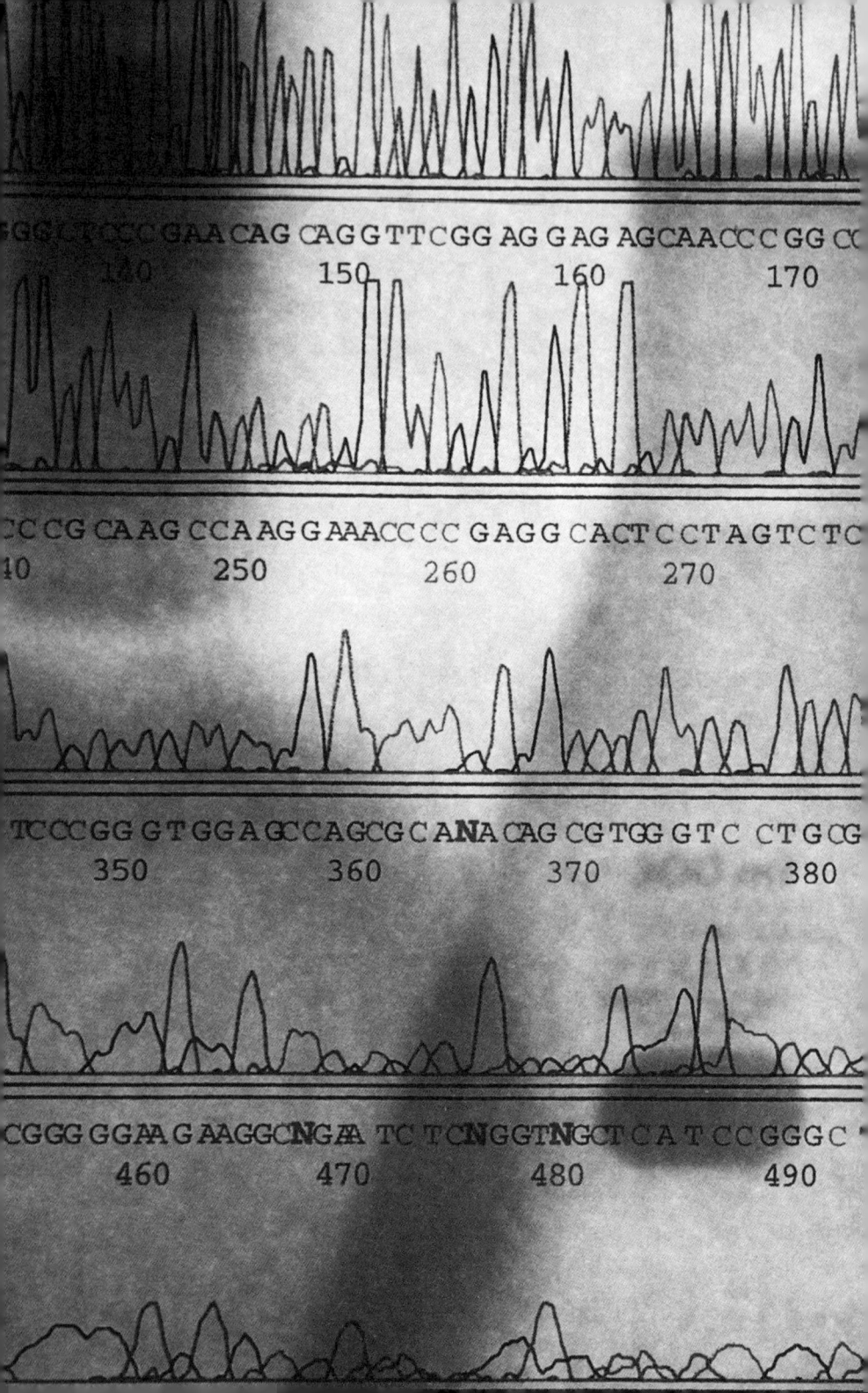

과학기술만 발전하면
우리는 행복해질까?

아니야, 행복은 우리가
직접 만드는 거라고!

불편한 과학기술 이야기 | 강양구

강양구

강양구는 프레시안에서 과학, 환경 담당 기자로 일하고 있다. 지난 2005~6년 대한민국을 온통 떠들썩하게 했던 황우석 사태에 대한 진실 보도로 앰네스티언론상과 녹색언론인상을 받았다. 그는 엄청난 속도로 발전을 거듭하는 현대의 과학기술이 도대체 '누구'를 위한 것인지, 또 '무엇'을 위한 것인지를 늘 되새김질하고 있다. 과학기술의 발전이 인간을 위해, 사회를 위해 제대로 쓰이게 하려면 시민의 '관심'과 '참여'가 필수적이라는 게 그의 생각이다.

이야기를 본격적으로 시작하기 전에 하루를 한번 돌아볼까? 아침에 자명종 벨 소리를 듣고 일어나서, 전기밥솥으로 지은 밥을 먹지. 버스, 지하철이 없다면 학교에 가는 것도 아주 힘들 거야. 학교, 학원에서 지루한 수업 시간을 견디려면 친구와 문자 메시지 몇 통은 꼭 주고받아야 해. 휴대전화가 없던 시절에는 상상도 못 할 일이지.

이제 숙제를 할 시간이야. 컴퓨터, 인터넷이 없으면 숙제를 하기 쉽지 않을 거야. 자, 이제 어머니, 아버지가 잔소리하기 전까지 텔레비전을 볼까, 아니면 컴퓨터로 게임을 할까?

이렇게 우리는 하루 종일 과학기술의 도움을 받으면서 살아가. 오늘날 우리가 살아가는 시대를 흔히 '과학기술시대'라고 부르는 건 이 때문이야.

과학기술 덕분에 우리는 100년 전과는 비교도 할 수 없을 정도로 편하고 풍족한 생활을 하고 있어. 많은 사람들이 앞으로 과학기술이 더욱 더 발달하면 우리는 더 행복해질 수 있을 거라고 믿는 것도 이 때문이야. 그런데, 참 이상하지. 갈수록 많은 사람들이 정말 그럴까, 하고 의문을 던지고 있으니 말이야.

한 가지 예가 바로 할리우드 영화야. 혹시 〈매트릭스〉처럼 미래를 그리는 영화를 본 적 있니? 그런 영화를 보면 10편 중 9편은 미래를 부정적으로 그리고 있어. 그런 영화 속에서 인류는 과학기술 덕에 더 행복해지기는커녕 과학기술 탓에 삶 자체를 위협받는 위기로 내몰리지. 자, 도대체 과학기술에 무슨 문제가 생긴 것일까?

과학기술은 도깨비방망이가 아니야

먼저 먹을거리 이야기를 해 볼까? 요즘 밀, 보리, 쌀, 옥수수 등 먹을거리 가격이 올라서 다들 걱정이 이만저만이 아니야. 꼭 굶주림에 쓰러지는 아시아, 아프리카의 친구들을 떠올리지 않더라도 먹을 게 없으면 우리도 당장 살아갈 수 없으니까. 특히 우리나라는 먹을거리 자급률이 28%에 지나지 않는 대표적인 먹을거리 수입국이야. 먹을거리 가격이 오르는 게 더 불안할 수밖에 없지. 그런데 이렇게 먹을거리 가격이 오르는 데도 눈 하나 꿈쩍 하지 않는 사람들이 있어. 그들은 과학기술의 발전이 먹을거리 문제를 해결해 줄 거라고 굳게 믿고 있거든.

최근 각광을 받는 생명공학을 활용해 유전자를 조작하면 밀, 쌀, 옥수수와 같은 먹을거리의 생산량을 크게 늘릴 수 있다는 거지. 과연 이들의 주장처럼 과학기술의 발전이 먹을거리 문제를 해결해 줄 수 있을까?

지난 100여 년간 과학기술을 이용해서 먹을거리 생산량을 늘리려는 시도가 많이 있었어. 1960~70년대에 과학기술을 활용해 밀, 벼와 같은 작물의 생산량을 늘리려던 시도가 대표적인 예지. 흔히 '녹색혁명 Green Revolution'이라 불리는 이 시도는 언뜻 보기에는 성공한 것처럼 보였어. 과학기술을 활용해 만든 씨앗을 재배했더니 생산량이 크게 늘었거든.

그러나 지금은 이 시도를 '실패'로 보는 사람이 많아. 시간이 지날수록 여러 가지 부작용이 나타났기 때문이지. 여기서 우선 바로잡아야 할 상식 하나. 많은 사람들은 굶주리는 이들이 늘어나는 까닭을 먹을거리 생산량이 늘어나는 인구를 감당하지 못하기 때문이라고 생각해. 하지만 진실은 그렇지 않아.

놀라지 마. 전 세계에서 생산되는 곡물은 지구상의 모든 사람에게 하루 3,500칼로리의 영양을 공급할 수 있는 양이야. 이 정도면 거의 모든 사람을 비만으로 만들 수 있어. 이제 짐작하겠지? 이렇게 먹을거리가 넘쳐나는데도 사람들이 굶주리는 까닭을. 그건 바로 먹을거리의 분배가 제대로 이루어지고 있지 않기 때문이야.

이런 진실은 녹색혁명이 한창이던 1970년대를 살펴봐도 알 수 있어. 과학기술의 도움을 받아 인도와 같은 아시아 국가에서는 농작물의 생산량이 늘어났어. 수출까지 할 수 있을 정도로 말이야. 그런데, 정작 이렇게 농작물을 수출하는 나라에서 굶주리는 사람이 줄어들기는커녕 계속 늘어났어. 이런 사정은 지금도 마찬가지야.

물론 녹색혁명으로 먹을거리 생산량이 늘었다면, 그 자체를

탓할 수는 없지. 앞에서 말한 대로 그것이 굶주리는 사람을 줄이는 데 도움을 주지는 못했지만 말이야. 그러나 먹을거리 생산량이 늘어나는 대신 미처 생각지 못했던 여러 가지 부작용이 생겨났어. 가장 큰 문제는 먹을거리를 생산하는 농민들에게 나타났지.

과학기술로 개량한 씨앗이 공급되면서 농민들은 새로운 부담을 안게 되었어. 매년 농사를 지을 때마다 돈을 주고 씨앗을 새로 사야 했거든. 이뿐만이 아니야. 이 개량 씨앗에 적합한 비료, 살충제, 농기계도 사야 했지. 결국 돈이 없는 농민은 빚만 잔뜩 지고 몰락하게 되었어. 이 과정에서 돈은 개량 씨앗과 비료, 살충제, 농기계를 파는 기업이 벌게 되었고 말이야.

몰락한 농민은 어떻게 되었을까? 그래 맞아. 큰 농장에서 일하는 농업 노동자로 전락하거나, 고향을 등지고 도시의 가난한 사람으로 편입되었지. 예전에 자기 땅을 갖고 농사를 지을 때 그들은 큰돈은 벌지 못했지만 최소한 굶주리지는 않았어. 그러나 녹색혁명으로 그들은 굶주리는 신세가 된 거야.

이제 과학기술을 이용해 먹을거리 생산을 늘리려고 시도했던 녹색혁명을 왜 실패라고 보는지 알겠지? 이처럼 과학기술로 문제를 해결하려는 시도의 상당수는 실패로 끝나는 경우가 많아. 과학기술은 사회 문제를 해결해 주는 도깨비방망이가 아니라, 사회와 영향을 주고받은 여러 가지 것들 가운데 하나일 뿐이니까 말이야.

현대 과학기술, '재앙'이 될 수도 있다고?

이야기가 나왔으니 과학기술을 이용해 먹을거리 문제를 해결하려는 시도가 갖는 또 다른 문제점도 살펴볼까? 앞에서 생명공학을 이용해 유전자를 조작해 생산량을 늘리려는 시도가 계속되고 있다고 얘기했지? 몬샌토 Monsanto와 같은 기업은 생명공학을 이용해 농작물의 생산량을 늘리는 것이야말로 인류의 미래를 위해 꼭 필요한 일이라고 강조하고 있어.

그런데 참 이상하지? 정작 생명공학 기업이 유전자를 조작해 새로 만든 먹을거리는 생산량을 늘리는 것과는 거리가 먼 것들이야. 유전자조작 먹을거리는 1994년부터 미국에서 판매되기 시작했는데, 그 대부분은 처음에 이들 기업이 내세운 생산량을 늘려 기아 문제를 해결하겠다는 것과는 관계가 없었어.

예를 한번 들어 볼까. 보통 토마토는 조금만 시간이 지나면 익어서 문드러지잖아. 캘진 Calgene이 개발한 유전자조작 토마토는 익는 데 시간이 더 오래 걸리기 때문에 쉽게 문드러지지 않아. 그러니 기업 입장에서는 오랫동안 토마토를 보존, 진열할 수 있게 되어 더 큰 이익을 볼 수 있지. 하지만 이 토마토는 먹을거리 생산량을 늘리는 것과는 아무런 관계가 없어.

또 다른 예도 있어. 몬샌토가 1996년부터 팔기 시작한 유전자조작 콩은 '라운드업 Roundup'이라는 제초제에 견딜 수 있도록 만든 거야. 이 콩을 재배하는 농민은 콩을 죽이지 않고 라운드업을 뿌릴 수 있을 뿐 다른 이점은 하나도 없어. 그럼, 라운드업을 파는 기업은 어딜까? 그래, 맞아. 라운드업은 바로 몬샌토가 만들어 파는 제초제야.

유전자조작 먹을거리는 이렇게 생산량을 늘리는 데 도움이 안 돼. 설사 도움이 된다 하더라도 앞에서 살펴본 것처럼 여러 가지 예기치 못한 문제를 만들 수도 있지. 그런데, 유전자조작 먹을거리는 더 큰 문제를 일으킬 가능성이 또 있어. 바로 인체와 환경에 심각한 피해를 줄 수 있다는 거지.

먼저 노바티스 Norvartis가 개발한 유전자조작 토마토의 예를 살펴볼까. 이 유전자조작 토마토는 자연 상태의 토마토에는 없는 독성을 가지고 있어. 그 독성은 바로 곤충의 애벌레가 이 토마토를 먹지 못하도록 하는 것이지.

그럼, 이러한 유전자조작 먹을거리를 인간이 먹더라도 아무런 문제가 없을까? 미국처럼 유전자조작 먹을거리를 수출하는 나라나 노바티스, 몬샌토 같은 기업은 아무 문제도 없다고 큰소리를 쳐. 그러나 결론을 말하자면 문제가 있을지, 없을지, 확실히 말할 수 있는 사람은 아무도 없어. 당장 탈이 안 나더라도 오랜 시간이 지난 뒤에 문제가 생길 수도 있거든.

심각한 문제는 이뿐만이 아니야. 유전자조작 먹을거리 중에는 제초제에 죽지 않도록 개발된 게 꽤 있어. 만약 자연 상태에서 그런 유전자조작 먹을거리의 유전자가 다른 식물로 옮겨

유전자조작 먹을거리의 심각한 위험성은
현대 과학기술의 또 다른 두 가지 문제점을
잘 보여 줘. 바로 '불확실성'과 '불가역성'이야.

유전자조작 농산물 반대 시위 모습. 2008년 5월 독일 본. ⓒ YONHAP NEWS

간다면 어떤 일이 생길까? 맞아, 어떤 제초제에도 죽지 않는 '슈퍼 잡초 super weeds'가 만들어질 수 있지. 슈퍼 잡초의 등장은 농업에 큰 재앙이 될 테고 말이야.

유전자조작 먹을거리가 인체와 환경에 영향을 주기 시작하면 그것을 원래대로 되돌리기는 사실상 불가능해. 생각해 봐. 알 수 없는 경로로 제초제에 저항성을 갖도록 하는 유전자가 다른 식물에서 나타나기 시작했다고 말이야. 그 유전자가 어떻게 다른 식물에서 나타나게 되었는지 추적이 불가능한 상황에서 무슨 대책을 세울 수 있겠니.

유전자조작 먹을거리의 심각한 위험성은 현대 과학기술의 또 다른 두 가지 문제점을 잘 보여 줘. 바로 '불확실성'과 '불가역성'이야. 그것이 어떤 위험을 불러올지 아무도 자신 있게 말할 수 없음을 표현하는 말이 '불확실성'이라면, 설사 위험이 나타나더라도 원상태로 되돌릴 수 없음을 표현하는 말은 '불가역성'이지. 앞으로 이런 문제가 더 크게 떠오를 거야.

'파란 장미'와 '조류독감'

혹시 파란 장미를 본 적이 있니? 아마 없을 거야. 수천 년간 사람들은 파란 장미를 만들고자 여러 가지 노력을 기울여 왔지만 파란 장미를 만드는 데 실패했거든. '파란 장미 a blue rose'라는 말이 '가질 수 없는 것'이라는 뜻으로 쓰이는 것도 이 때문이야. 그런데, 이제 이 말을 바꿔야 할지도 몰라. 일본에서 장미의 유전자를 조작해 파란 장미를 만들었거든.

그 일본 기업은 피튜니아, 팬지 같은 파란 꽃에서 파란색을 내는 색소를 만드는 유전자를 끄집어내 장미에다 집어넣는 실험을 계속해 왔어. 그렇게 수차례 실험을 반복해서 마침내 성공한 것이지. 이 기업은 2009년부터 전 세계에 이 장미를 판매한다고 대대적으로 홍보를 하고 있어. 정말, 그럴듯한 파란 장미를 만들었나 봐.

이 기업이 파란 장미를 만들었다고 발표하자마자 세계 곳곳에서 한숨소리가 들렸어. 한국을 포함한 전 세계 수천 곳 실험실에서 파란 장미를 만들려고 수년 전부터 경쟁을 해 왔거든. 이제 파란 장미를 만들어 낸 일본 기업은 돈방석에 앉는 반면에, 다른 실험실 과학자의 노력은 허사로 돌아가게 되겠지.

여기서 한 가지 생각해 볼 게 있어. 이번에 파란 장미를 만들어 낸 기업이 수년간 쏟아 부은 돈은 무려 300억 원이 넘는다고 해. 세계 수천 곳의 실험실에서 파란 장미를 만들고자 쏟아 부은 돈을 전부 더하면 그 금액은 상상을 초월할 거야. 한 번 생각해 봐. 이렇게 상상할 수 없는 돈과 과학자의 노력을 쏟아 부을 만큼 파란 장미가 가치가 있을까?

만약에 파란 장미를 만들고자 쏟아 부은 돈과 노력을 다른 곳에 투자했더라면 어땠을까? 얼른 생각나는 예 하나만 들어

볼게. 몇 년 전부터 가을만 되면 세계보건기구 WHO 같은 곳에서 일하는 과학자, 의학자들은 긴장하곤 해. 바로 '조류인플루엔자 Avian Influenza, AI' 때문이야. '조류독감'이라고 부르는 이 전염병이 번지면 얼마나 많은 사람이 죽을지 알 수 없거든.

원래 이 병은 사람한테는 전염이 안 되는 병이었어. 그런데 1997년에 닭, 오리, 철새 사이에서만 전염되던 이 병이 사람한테도 옮는다는 사실이 알려지면서 상황은 달라졌지. 그때부터 10년간(1997~2006년 7월 현재) 229명이 감염돼 절반이 넘는 131명이 목숨을 잃었어. 다행히 아직 대규모 전염병으로 번지지는 않았지만 그럴 가능성은 얼마든지 있지.

이 전염병이 세계 곳곳에서 발생한다면 어떻게 될까? 이 병이 사람에게 옮는다는 사실이 알려진 지 10년이 지났지만 아직도 이 병의 치료약은 딱 하나밖에 없어. 그나마 이 치료약인 타미플루는 로슈 Roche가 판매권을 갖고 있어서, 이 기업이 허락해 주지 않으면 생산, 판매를 할 수 없는 상황이야.

만약 아시아, 아프리카의 가난한 나라에서 이 전염병이 번진다면 수백만 명이 어쩔 수 없이 죽을 시간만 기다려야 할 거야. 우리와 비무장지대를 사이에 두고 살아가는 북한 사람도 마찬가지고. 우리나라 사정도 좋지 않아. 치료약을 전체 인구의 고작 2.5% 수준인 125만 명분만 비축해 놓았거든. 전체 인구의 10~20% 수준은 비축해야 하는데 말이야.

이런 사정 탓에 많은 과학자, 의학자는 지난 10년간 정부,

기업이 나서서 이 전염병의 예방, 치료약을 개발해야 한다고 줄기차게 경고해 왔어. 하지만 아무도 이런 경고에 귀를 기울이지 않았지. 파란 장미를 만드는 데는 그렇게 많은 돈과 노력을 쏟아 붓고서는 말이야. 자, 이제 이 차이가 무엇 때문인지 짐작하겠지? 바로 돈 때문이야.

오늘날 과학기술은 우리 삶에 꼭 필요한 순서대로 연구, 개발되는 게 아니라 돈벌이에 도움이 되는 순서대로 연구, 개발되고 있어. 사람의 생명, 인류의 운명을 좌지우지하는 위기에 대응하는 연구도 돈벌이가 안 된다면 뒤로 밀리는 게 현실이야. 과학기술이 우리의 삶과 무관한, 아니 어쩌면 오히려 불행하게 만드는 방향으로 이용되고 있는 것인지도 몰라.

흔들리는 과학기술자, 안타깝다 안타까워!

이렇게 과학기술이 돈벌이 수단으로 전락하다 보니 여러 부작용이 나타나고 있어. 최근 전 세계 곳곳에서 나타나고 있는 '과학 사기'도 이런 부작용 중 하나야.

혹시 2005년 말 한국 사회를 들썩이게 했던 황우석 씨의 논문조작 사건을 기억하니? 2년 연속 〈사이언스〉라는 유명한 과학 잡지에 실린 논문의 연구 결과가 조작된 것으로 밝혀졌지.

이런 황우석 씨의 논문조작 사건을 놓고 많은 사람은 "진리를 추구하는 과학자가 세상을 속이다니……" 하고 놀랐지. 그 논문조작 사건을 두고 미국, 유럽의 몇몇 지식인은 "이런 사건은 후진국에서나 일어나는 일."이라고 비웃기도 했고. 그러나 안타깝게도 이렇게 과학자가 세상을 속이는 일은 선진국, 후진국을 가리지 않고 갈수록 늘어나고 있어.

예를 들어 볼까? 물리학자 얀 헨드릭 쇤은 1997년 미국의 한 연구소에 자리를 잡은 뒤 4년여에 걸쳐 약 100여 편의 논문을 쏟아 내며 동료 물리학자를 흥분으로 몰아넣었어. 다들 노벨상 1순위로 그를 꼽았지. 그러나 2002년, 4년간에 걸친 그의 연구는 모두 조작된 것으로 확인되었어.

이뿐만이 아니야. 미국에서는 2004년 한 해 동안 논문조작과 같은 과학 사기 혐의로 정부에 보고된 연구가 270건이 넘었다는 통계가 있어. 1980년대 이후 아무리 규제를 해도 이런 일이 계속 늘자, 미국에서는 아예 1992년 이런 과학 사기를 전담하는 정부 기관까지 만들었어. 이런 정부 기관이 있음에도 과학자의 과학 사기가 계속되고 있는 것이지.

과학 사기의 방법도 여러 가지야.

실험 결과를 거짓으로 지어내는 '날조 fabrication', 실험 결과를 조작, 생략하는 '변조 falsification', 다른 사람의 연구 결과를 몰래 가져다 쓰는 '표절 plagiarism' 등. 자신이 원하는 결과를 얻고자 온갖 추악한 일이 세계 곳곳에서 벌어지고 있는 거야.

그럼, 이렇게 과학자가 세상을 속이는 이유는 뭘까? 이렇게 사기를 쳐서라도 원하는 연구 결과를 〈네이처〉, 〈사이언스〉와 같은 과학 잡지에 빨리 발표하려는 게 직접적 목적이야. 일단 이런 과학 잡지에 발표하기만 하면 2004~5년에 황우석 씨가 그랬던 것처럼 전 세계의 주목을 받는 과학자가 될 수 있어. 정부, 기업으로부터 연구비도 많이 받을 수 있고, 운이 좋아서 연구 결과를 토대로 상품을 개발한다면 특허 권리를 주장할 수도 있지. 말 그대로 명성도 얻고, 큰돈도 벌 수 있는 거야. 더 운이 좋다면 단번에 '국민 영웅'으로 떠오를 수도 있고.

이런 장밋빛 환상을 가진 과학자가 한둘이 아니야. 자연히 과학자들은 예전과 비교도 할 수 없을 정도로 치열하게 경쟁을 하고 있어. 예전에는 연구 결과를 '공유'하는 게 미덕이었지만, 지금은 다른 과학자가 자신의 연구 결과를 훔쳐 가지 않을까 걱정하면서 '비밀'을 지키는 게 대세가 되어 버렸어.

과학기술을 연구, 개발하는 이들부터 이러하니 과학기술이 꼭 우리를 행복하게 만들어 줄 수 있으리라고 장담할 수만은 없어. 과학기술자 사이에서도 과학기술이 우리를 행복으로 이끌어 주리라는 믿음이 흔들리는 것도 이런 사정과 무관하지 않아. 아니, 오히려 많은 사람은 과학기술이 인류를 파멸로 이끌지 않을까 걱정하기도 해.

미국의 존경받는 컴퓨터 공학자 빌 조이도 그런 사람 가운데 하나지. 그는 이미 2000년에 우리의 미래를 행복하게 해 주리라고 기대를 받는 생명공학, 정보기술과 같은 과학기술이 결과적으로 우리에게 큰 피해를 줄 것이라고 경고했어. 그 경고를 담고 있는 글의 섬뜩한 제목은 이런 거야. "미래에 왜 우리는 필요 없는 존재가 될 것인가 Why the future doesn't need us."

행복한 미래는 우리가 만든다

자, 다시 원점으로 돌아왔어. 이제 과학기술이 발달한다고 해서 우리가 꼭 행복해지는 건 아니라는 사실을 알았을 거야. 그렇다고, 절망만 하고 있을 필요는 없어. 절망하면서 손 놓고 있다가는 정말 빌 조이가 경고했던 것처럼 우리는 미래에 필요 없는 존재, 즉 파멸할 수도 있을 테니까.

여기서 내가 즐겨 소개하는 사람들 얘기를 해 볼게. 영국의 루카스항공 Lucas Aerospace 노동자들은 1970년대에 색다른 실험을 한 적이 있어. 이 기업은 소리의 속도로 나는, 지금은 퇴출된, 콩코드 비행기의 엔진을 개발한 곳으로 유명하지. 그 기업의 노동자들은 이런 고민을 했어. '왜 우리가 가진 과학기술을 좀 더 많은 사람의 행복을 위해 사용하지 못할까.'

그들의 고민은 계속되었어. '왜 소리의 속도로 나는 비행기를 만들 수 있으면서도, 겨울마다 가난한 사람들이 추위에 얼어 죽지 않도록 간단한 난방 시스템을 개발해서 공급할 수 없는 걸까.', '왜 정교한 로봇을 만들 수 있는데도 정작 장애인의 이동을 도울 수 있는 보조 기구는 공급하지 못할까.'

고민 끝에 그들은 가만히 있지 않고 행동에 나섰어. 우선 지역 주민, 시민단체와 머리를 맞대고 행복하게 사는 데 꼭 필요한 것들의 목록을 만들었지. 그 목록 중에서 당장 그들이 갖고 있는 과학기술로 만들 수 있는 것을 골랐고 결국 그동안 한번도 나타나지 않았던 멋진 결과물이 나타났어.

그들은 값싼 의료 기구, 연료를 적게 사용하는 효율이 높은 엔진, 도로와 철도 겸용 버스, 태양열을 이용한 난방과 조리 시설 등 인권, 환경, 지역사회의 필요를 고려한 온갖 결과물 약 150개를 만들어 공급했어. 1970년대 10년간 진행된 이 계획은 결국 경영진이 훼방을 놓으면서 실패로 끝났지만 두고두고 사람들 입에 오르내리고 있어.

지금도 늦지 않았어. 시민, 과학기술자들이 힘을 모아 과학기술을 올바른 방향으로 이끌어간다면 루카스항공 노동자들이 했던 것보다 훨씬 더 멋진 결과물을 만들 수 있을 거야. 세계 곳곳에서 그런 고민과 실천을 모색하는 멋진 사람들도 있고 말이야. 자, 더 행복해지고 싶니? 그럼, 과학기술이 진정 인간의 행복을 위해 쓰일 수 있도록 우리 모두 노력해 보자고. 과학기술의 미래가 네 손에 달려 있어.

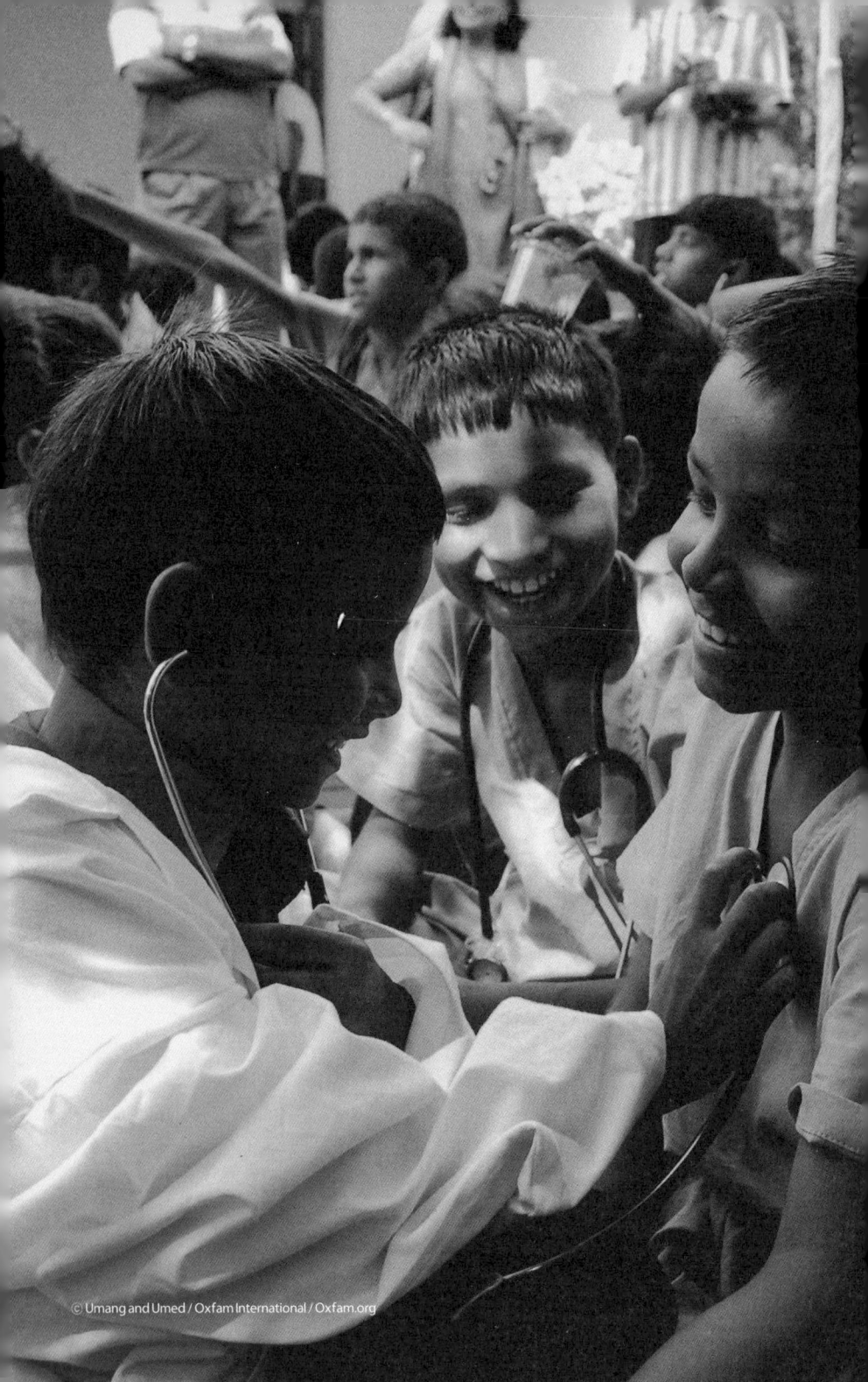

내 것 남 주면 손해라고?

아니야,
함께 나누면 더 커져!

'돈'보다 훨씬 고귀한 '생명' 이야기 | 우석균

우석균

의사. '건강권실현을 위한 보건의료단체연합'의 정책실장으로 일하며 국민 건강을 위협하는 영리병원의 설립이나 의료보험 민영화 등을 막아 내기 위해 애쓰고 있다. 이 단체는 최근 미국산 쇠고기의 광우병 위험을 알리고, 광우병 국민대책회의를 운영하는 데에도 큰 몫을 했다. 그는 성수의원 원장이기도 한데 병원이 자리 잡고 있는 성동구 성수동은 중소 규모의 공장이 많고, 또 그만큼 많은 외국인 노동자들이 일하고 있는 곳이다. 이런 지역적 특징을 가진 곳에서 그는 성동건강복지센터를 설립해 저소득 계층과 외국인 노동자들에게 모일 수 있는 장소를 제공하고, 컴퓨터 교실 등을 운영하며 저렴한 비용으로 진료를 하고 있기도 하다.

"태양에 특허를 신청할 수 없다."

여러분은 소아마비라는 병명을 들어 본 적이 있는지? 어쩌면 들어 본 적은 있을 테지. 그렇더라도 여러분 주변의 친구가 이 병에 걸려 목발에 의지하거나 휠체어의 도움을 받는 경우는 아마 없을 거야. 하지만 여러분의 부모 세대들은 학창시절에 한 반에 한두 명 정도는 다리가 불편한 친구들이 있었음을 기억하고 있어. 소아마비 탓이었지.

소아마비는 주로 어린 아이들의 팔다리를 마비시키는 질병으로 백신을 개발 중이던 1950년대 중반, 당시 미국에서만도 해마다 5만8천여 명의 환자가 생겨날 정도로 부모들을 공포에 떨게 했던 무서운 병이야. 이 무서운 질병으로부터 인류가 벗어난 것은 소아마비 백신이 개발된 뒤 기껏해야 50여 년에 지나지 않아.

소아마비는 우리나라에서도 1950년대까지는 해마다 2천여 명의 환자가 생겨났지만 백신을 접종하기 시작한 1960년대 후반부터는 연간 2백여 명 정도로 줄어들었어. 그러다가 1984년 이후에는 단 한 명의 환자 발생도 보고되지 않아 마침내 2000년 10월에 소아마비의 종식을 공식 선언했지.

오늘날 소아마비는 세계보건기구 WHO가 전 세계적으로 박멸 선언을 준비할 정도로 옛 이야기가 되어 버렸어. 그런데 소아마비가 이처럼 과거의 질병이 된 까닭은 흔히 생각하는 것처럼 단지 백신이 개발되었기 때문만은 아니야. 만약 그렇다면 백신이 개발되어 있는 질병은 모두 과거의 질병이 되어 있어야 마땅할 테니까.

백신이나 치료약이 개발된 수많은 질병들 가운데 유독 소아마비가 '박멸'에 이르게까지 된 까닭은 바로 백신 개발자인 소크 Jonas Edward Salk 박사가 특허를 포기했기 때문이야. 소크 박사가 백신 개발에 성공하자 수많은 제약회사가 특허를 양도하라고 부추겼지만 그는 "태양에 특허를 신청할 수 없다."며 주위의 권유를 뿌리쳤거든.

지금 세계보건기구에 납품되는 소아마비 백신 1개의 값은 단돈 100원 정도야. 타임지가 소크 박사를 20세기의 100대 인물에 선정한 까닭은 백신 개발 그 자체에 있다기보다는 연구 성과를 인류의 공동 자산으로 함께 나눈 숭고한 사랑과 과학자 정신에 있었던 것이지.

약, 없어서가 아니라 비싸서 죽는다

소크 박사가 주목받는 까닭은 바로 오늘날 세계가 맞닥뜨리고 있는 의약품 문제 때문이야. 지금 전 세계의 가장 큰 보건 문제는 치료제가 없는 것이 아니라, 그 가격이 너무 비싸다는 데 있거든.

대표적인 예가 바로 에이즈AIDS야. 에이즈는 여러 가지 치료제를 함께 쓰는 이른바 칵테일 치료법이 발견된 뒤 고혈압이나 당뇨처럼 관리만 잘하면 활동적인 일상생활을 할 수 있는 병이 되었어.

하지만 UN 산하 UNAIDS에 따르면 2005년 당시 에이즈 환자 가운데 정기적으로 치료를 받는 사람은 20%이고, 임산부 가운데 치료를 받는 비율은 고작 1.6%에 지나지 않는다는 거야. NGO들의 보고에 따르면 제3세계 환자들 가운데 적절한 치료를 받는 비율은 1% 미만이라 하고. 이런 상황에서 해마다 300만 명이 에이즈로 죽어 가는 거야.

다국적 제약회사가 에이즈 환자에게 요구하는 약값은 최저 월 3백~7백 달러야. 그런데 전체 에이즈 감염인이나 환자(에이즈라는 병을 일으키는 바이러스를 HIV human immunodeficiency virus라 부르는데 이 HIV는 대개 10년 정도의 오랜 잠복기를 거쳐야 증상이 나타나고, 이렇게 증상이 나타났을 때 AIDS acquired immune deficiency syndrome라고 부른다. 이 때문에 감염자와 환자를 함께 부르기 위해 흔히 HIV/AIDS 라는 표현을 많이 쓴다)의 63%인 2천450만 명이 사는 사하라 남부 아프리카의 경우 전체 인구의 44%가 하루 1달러 미만의 소득으로 살아가고 있어. 그러니 이들에게 에이즈 치료제는 그림의 떡일 뿐이지.

그런데 똑같은 약을 인도에서는 월 20달러에 팔아. 인도는 가난한 나라로 분류되어 특허권에서 예외 규정을 받는 나라거든. 그래서 특허는 없고 성분은 똑같은 복제약을 만들 수 있고, 이 약만 써도 에이즈로 인한 사망자를 분당 사망자로 계산해야 하는 이 황당한 현실은 쉽게 개선할 수 있어.

하지만 이제는 그렇게 할 수가 없게 되었어. 값싼 복제약을 생산하거나 수입하는 나라들은 모두 다국적 제약회사나 선진국들의 무역 제재를 받았거나 제재의 위협을 당하고 있기 때문이지.

이렇게 남아프리카공화국, 브라질, 태국 등에서 싼 값에 약을 공급하려는 노력은 좌절되었거나 심각한 위협에 시달리고 있어. 예를 들어 자국에서 값싼 복제약을 생산하려던 태국 보건부장관은 미국 제약회사들에게 소송을 당한 상태야.

또 하나의 예는 조류독감 치료제 타미플루의 경우야. 학자들은 조류독감이 중세 유럽에서 발생해 당시 유럽 인구 1/3 이상의 목숨을 앗아간 페스트 못지않은 위험한 전염병이 될 수도 있다고 우려하고 있어. 조류독감은 한번 걸리면 사망률이 50%가 넘는 무서운 질병이거든.

그런데 현재까지 알려진 조류독감의 유일한 치료제는 타미플루야. 세계보건기구는 조류독감의 폭발적 감염을 막으려면 최소한 전체 인구의 15% 이상이 복용할 수 있는 분량의 타미플루를 확보할 필요가 있다고 권고하고 있어.

그런데 문제는 생산이 한정돼 있어 2020년이 돼야 그런 정도의 물량을 확보할 수 있다는 것이지. 게다가 물량이 나오는 족족 사재기를 해서 구하기도 어려운 상황이고. 우리나라도 125만 개, 즉 인구의 2.5% 정도를 확보하는 데 그치고 있어. 혹 조류독감이 전 세계적으로 번진다면 끔찍한 재앙이 될 수밖에 없는 거지.

특허를 풀어 대량 생산의 길을 열고, 인류의 생명을 지킬 수 있으면 좋으련만 가만 앉아 있으면 돈벼락을 맞을 텐데 그걸 내놓을 리 만무하지. 그들에게는 '생명'보다는 '이윤', 즉 돈이 훨씬 중요하거든.

빛 좋은 개살구, 허울뿐인 '특허'

생각해 봐. 나치가 유태인과 집시, 동성애자들을 학살한 '홀로코스트'는 몇 해 동안 600만 명을 죽였고, 이것이 인류 최대의 대량학살로 알려져 있지. 그런데 에이즈 하나만 보더라도 지금 지구상에서는 약이 있는데도 1년에 300만 명이 죽어 가는 홀로코스트가 벌어지고 있어. 이러한 사실상의 대량학살을 다국적 제약회사들과 몇몇 선진국들이 정당화하는 근거는 다름 아닌 '특허권의 보호'라는 거야.

'특허'라는 것은 한 개인이나 집단이 개발한 과학기술을 무덤까지 갖고 가지 못하도록 일정 기간을 정해 그 기간 동안 개발자에게 특별한 권리, 곧 금전적 이익을 주고, 그 기간이 지나면 공개하여 인류의 공동 자산으로 만들기 위한 제도이지.

그런데 다국적 제약회사들은 그 특허를 20년도 모자라 더 연장하려 하고 있고, 우리나라에서 특허의약품에 들어가는 비용은 해마다 13.5%씩 오르고 있어. 이는 물가상승률의 4배 이상에 해당하는 것이고 몇몇 다국적 거대 제약회사의 허울 좋은 '특허권 보호'를 위해 온 인류가 그 부담을 짊어지고 있는 그런 꼴이지.

한국 정부가 약값 절감을 위해 값싸고 효과 좋은 약만을 골라 건강보험 적용 대상으로 삼으려는 이른바 포지티브 리스트 제도에 대해 반대하는 다국적 제약회사들의 주장도, 미국이 한미 자유무역협정 FTA 협상에서 한국에 요구하는 것도 바로 이 '특허권의 보호'라는 거야.

한미 FTA 협상에서 의약품 분야에 대한 미국의 요구를 살펴보면 다국적 제약회사의 적나라한 모습이 그대로 드러나고 있어. 미국의 요구는 이러해.

1) 약가 절감을 위한 포지티브 리스트, 약가 계약제 도입을 하지 말 것.
2) 외국의 신약을 선진 7개국 평균 약값으로 하여 지금보다 두 배

이상 높일 것.

3) 특허 기간을 연장하여 복제품의 생산을 원천적으로 힘들게 할 것.

4) 특허권의 공적 사용이나 정부 사용(국민 건강에 필요하다고 판단되거나 비상업적 목적일 경우 특허가 걸린 의약품을 일단 생산하여 사용하고 나중에 특허가격으로 판매액의 일부를 지급하는 제도. '강제특허실시', 또는 '강제실시'라고 한다. 이 제도는 세계무역기구에서도 보장한 각국의 권리이다)의 사유를 제한할 것.

현재 우리나라의 1년 건강보험 재정 24조 원 가운데 7조2천억 원, 즉 30%가 약값으로 쓰여. 흔히 선진국들의 모임이라고 하는 경제협력개발기구 OECD 나라들의 의료비 가운데 평균 약값 비중은 17.8%이지만 우리나라는 28.8%인 거야. 즉 불필요한 약값 지출이 너무 많다는 거지.

이런 상황에서 값싸고 효과 좋은 약만을 골라 써서 약값을 줄이려는 것이 바로 포지티브 리스트 제도이지. 약값 지출을 줄일 수 있으면 건강보험상 다른 혜택을 늘릴 수 있을 테고 말이야.

그런데 미국 정부는 이 제도가 도입되면 한미 FTA가 어려워질 수 있다고 협박을 하고 있어. 만일 포지티브 리스트 제도를 철저히 시행하면 현재 약값에서 연 1조 5천억 원을 당장 절약할 수 있어. 이 돈이면 암, 중풍, 심장병을 모두 무상 의료하고도 남는 돈이야. 엄청난 수의 생명을 살릴 수 있는 돈이지.

사실이 이러한데도 다국적 제약회사들은 약값을 깎으면 신약 연구개발 비용이 줄어들어 신약을 개발할 수 없다고 둘러대기 바빠. 다국적 제약회사들이 주장하는 신약 개발에 드는 비용은 신약 하나당 무려 8천억 원이야. 미국 상무성도 이 주장을 똑같이 반복하면서 11개 주요국에서 약값 절감 정책이 포기될 경우 제약회사들이 더 벌어들일 돈이 65조 원이라고 친절하게 계산까지 해놓고 있어.

그렇다면 진실은 어떠한가?

정말로 다국적 제약회사의 약값을 깎으면 우리는 새로운 약이 개발되지 않는 암담한 세상에서 살아야 하는 것일까?

그들에게는 '생명'보다 '이윤'이 중요하다

그럼, 우선 다국적 제약회사들이 벌어들이는 돈부터 한번 살펴보자.

2002년 〈포춘〉지 선정 세계 500대 기업 가운데 제약회사는 10개가 들어가 있어. 그런데 이 10개 제약회사의 순수익이 다른 490개 회사의 수익을 모두 합한 것보다 더 많아. 2002년과 2003년 세계 500대 기업의 매출 대비 순수익률이 평균 3.3%, 4.6%인데 비해 다국적 제약회사의 수익률은 18.5%, 14.3%였어.

에이즈 양성반응자의 약값 인하 시위는
'생명'과 '이윤' 가운데 무엇이 더 소중한지를
우리 모두에게 묻고 있다.

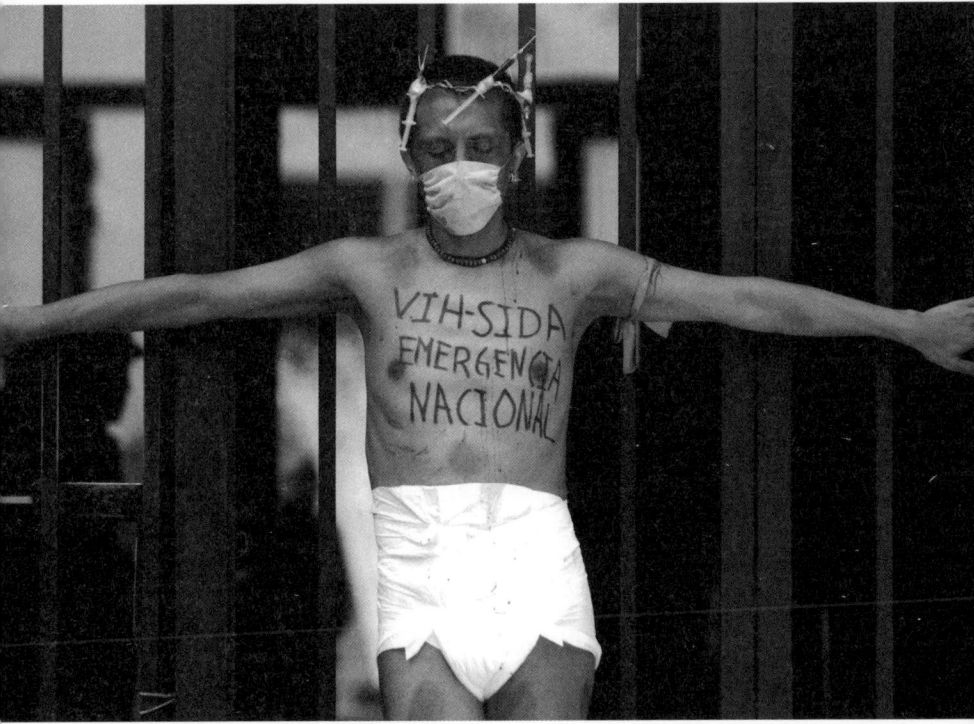

에이즈 치료제 가격 인하 시위 모습. 2008년 6월 멕시코 시티. ⓒ REUTERS

다국적 제약회사는 연구개발비를 많이 써서 약값을 내릴 수 없다고 주장해. 그렇지만 그들이 주장하는 연구개발비를 다 믿어 준다 하더라도 그들이 올리는 순수익보다도 적어. 또 제약회사가 쓰는 마케팅 및 행정 비용이 전체 비용 가운데 약 35% 정도를 차지하고 있고.

의약품 하나에 코카콜라보다 많은 광고비를 지출하는 게 미국이지. 미국은 텔레비전 광고에도 고혈압, 고지혈증, 당뇨병 같은 의사의 처방전이 필요한 전문의약품 광고를 하고 있지. "고혈압에는 무슨 약이 좋습니다."라는 식이지. 한미 FTA에서 미국이 애초에 요구한 바는 한국도 이렇게 텔레비전 광고를 하도록 허용하라는 것이었지.

전문의료인들이 처방을 하는 의약품에 광고비가 왜 그다지도 많이 들어야 하고, 마케팅과 행정 비용이 왜 연구비의 3배가 넘어야 하는 걸까? 연구개발비를 말하려면 제약회사의 천문학적 이익과 마케팅 비용부터 줄이는 것이 먼저일 거야.

더욱 큰 문제는 제약회사가 주장하는 연구개발 비용이 터무니없이 부풀려져 있다는 것이야. 여기에는 뻔한 비용 부풀리기 수법이 동원되는데 세금이 공제됨에도 공제되지 않은 비용으로 계산하고, 실패한 의약품에 투자한 비용까지 개발된 신약에 쓰인 돈으로 합쳐 계산하며, 연구개발 비용을 실제 투자 비용으로 계산하는 것이 아니라 다른 곳에 투자했으면 얼마나 돈을 더 벌 수 있었다는 식의 기회비용으로 부풀려 계산하는 것 등이지.

미국에서 가장 권위 있는 의학저널인 뉴잉글랜드저널오브메디슨NEJM의 편집장을 지낸 마샤 안젤Marcia Angell에 따르면 다국적 제약회사의 연구개발비는 최소 10배 이상 부풀려져 있다고 해. 그리고 마샤 안젤은 이러한 폭로 때문에 편집장직에서 물러나야 했어.

그런데 진짜 문제는 다국적 제약회사들이 정작 신약을 개발하지 못한다는 거야. 이건 또 무슨 소리냐고? 미국 식품의약국 FDA이 2002년 승인한 신약 87개 가운데 과거 의약품보다 임상적으로 효과가 있는 신물질 의약품은 단지 7개, 8.0%에 지나지 않았어.

그건 미국 식품의약국의 신약 인정 기준이 '이미 개발된 다른 약보다 효과가 있을 것'이 아니라 '밀가루placebo보다 효과가 있을 것'이기 때문이야. 즉 더 효과적인 약이나 비슷한 약이 있다 해도 마케팅만 잘하면 약을 팔 수 있으니까 유사한 약들을 개발할 뿐이라는 것이지.

상황은 이러해. 다국적 제약회사들은 진짜 연구개발에는 투자하지 않아. 뭐하러 모험적인 연구개발 사업에 돈을 쓰겠어? 효과도 판로도 보장된 기존 약을 조금 바꾸어 이른바 '유사의 약품me too drug'을 만드는 것이 훨씬 안전한 길인데 말이야. 물론 혁신적인 신약이라 불릴 만한 '진짜 신약'들도 개발되고는 해. 하지만 이러한 진짜 신약은 제약회사가 아니라 정부연구소나 대학에서 개발해. 결국 국민의 세금으로 신약이 개발되는 거지. 제약회사들이 하는 일은 단 한 가지, 이 신약의 특허를 자기 소유로 이전하는 것뿐이야.

첫번째 에이즈 치료제이고 지금도 전세계에서 가장 널리 쓰이는 AZT(Zidobudine)의 예를 한번 들어볼까. 이 약은 1964년에 버로-웰컴사에서 항암제로 개발했어. 하지만 항암제로는 쓰이지 않았어. 독성이 너무 강해 항암제로는 쓸 수 없는 약이었지. 제약 분야에서 말하는 대로 부르자면 '죽은 약'이었지.

그러다가 1984년에 미국 국립보건원NIH이 에이즈라는 질병을 분류해 냈어. 미국 국립암연구소와 프랑스의 파스퇴르연구소가 공동의 연구 결과 에이즈의 원인이 레트로 바이러스라는 것을 밝혀냈고, 메인대학교와 국립암연구소가 공동 연구 끝에 1986년에 AZT가 레트로 바이러스에 듣는다는 것을 발견해내고 임상실험을 진행했지. 여기까지는 전적으로 정부연구기관과 비영리기관이 진행한 연구였어.

그런데 1987년 갑자기 버로-웰컴사가 마지막 임상실험에 끼어들더니 특허를 등록해 버렸어. 버로-웰컴사는 연구의 마지막 몇 개월 동안 남이 다 해놓은 연구에 기대어 특허만을 따냈을 뿐이야. 나중에 글락소 스미스클라인GSK에 합병된 버로-웰컴사는 이 AZT로 1인당 1만 달러의 약값을 매겼어. 메인대학교와 국립암연구소가 뉴욕타임즈에 항의 광고까지 냈지만 아무 소용도 없었지.

물거품된 UN 의약품 공공펀드 조성 계획

오죽 신약이 개발되지 못했으면 2007년 유엔의 세계보건기구 총회에서 나라마다 국내총생산의 일정액을 걷어 백신이나 의약품을 개발하고 특허를 공개해서 반드시 필요한 의약품을 값싸게 공급하기 위한 공공펀드를 만들자는 결의안을 통과시켰을까? 그런데 이 결의는 미국이 반대해 실행이 보류되고 있어. 더 정확하게 말하자면 미국 정부에 다국적 제약회사들이 압력을 넣어 실행을 보류하도록 하고 있는 것이지.

다국적 제약회사들의 진짜 문제는 턱없이 비싼 약값을 통해 엄청난 돈을 벌어들이면서도 비아그라 같은 정력제 등의 이른바 '해피드럭'이나 '유사의약품' 외에는 정작 그들이 개발하는 신약이 거의 없다는 데 있어. 약값을 올려야만 신약 접근권이 높아진다는 다국적 제약회사들의 주장은 사실 아무런 근거가 없는 거지. 오히려 신약 개발도 없이 천문학적 이익을 가져가는 다국적 제약회사 그 자체가 문제의 근원인 거야.

비싼 약값 때문에 각 나라의 보험 재정이 휘청대자 각국 정부는 결국 약값 절감 정책을 펴게 되었어. 나라마다 약값 절감 정책은 다양하지만 대개는 비용 대비 효과가 확인된 특허가 없는 약품, 곧 제네릭generic은 보험 적용을 하고, 비싸기만 하고 개선 효과는 불분명한 특허의약품은 보험 적용 대상에서 빼거나 약값을 깎는 거야.

다국적 제약회사가 위기를 맞게 된 거지. 여기에 더해 2000년부터 매년 다국적 제약회사들이 보유한, 약품 하나에 수조 원씩 벌어들이는 이른바 '블록버스터' 의약품(예를 들어 화이자는 리피토라는 의약품으로 1년에 13조 원을 벌어들인다) 특허가 대거 종료되는 상황은 이 위기를 심화시키고 있는 것이고.

이제 다국적 제약회사들 입장에서 길은 딱 두 가지뿐이야. 약값을 내리고 진정한 신약 개발에 나서는 것, 아니면 특허 기간을 늘이고 각국 정부의 약가 절감 정책을 무력화하는 것. 물론 다국적 제약회사들의 선택은 두 번째였어.

1995년 성립한 세계무역기구WTO 체제의 무역 관련 지적재산권협정 TRIPS은 특허 기간을 전 세계적으로 20년으로 대폭 연장시켰고, 물질특허를 인정하여 값싼 복제약품을 생산하는 길을 완전히 막아 버렸어.

그것도 모자라 다국적 제약회사들은 세계무역기구 체제 10년 만에 각국의 약값 절감 정책을 무력화시키고 특허 기간을 5~10년 정도 더 연장시키려고 했어. 이것이 이른바 TRIPS 플러스라고 하는 지적재산권협정의 강화라는 거야. 이 TRIPS 플러스를 세계무역기구에서 관철하려다 여의치 않자 만만한 나라들을 골라 자기들 이익을 관철시키려 하는 것이 바로 자유무역협정 FTA야. 한미 FTA도 당연히 그 가운데 하나이고.

한미 두 나라 정부는 FTA 의약품 협상에서 타협할 수 없을 것처럼 으르렁댄 듯 보여. 하지만 한국의 협상 대표는 "신약 개발에 들어간 연구비용은 보상해 주어야 한다."고 말했어. 미국측 다국적 제약회사의 핵심적 요구를 한국측 수석대표가 이미 받아들이고 있는 것이지. 아니 어쩌면 이건 협상 대표의 의지와는 무관할지도 몰라. 미국과의 FTA는 그 본질 가운데 하나가 약값을 높이는 데 있고, 한미 FTA를 중단하지 않는 이상 그 결과는 의약품의 특허권 강화와 약값의 폭등일 뿐이거든.

이런 사례는 다른 나라에서도 얼마든지 찾아볼 수 있어. 다국적 제약회사의 무덤이라던 호주는 미-호주 FTA 이후 의약품 제도가 무너지고 있어. 즉 정부가 약값을 결정하는 제도(우리나라의 포지티브 리스트도 호주 정부의 제도를 본보기로 한 것이지)가 변경되어서 선진국의 평균가격, 즉 제약회사가 알아서 결정한 가격을 받아들이는 제도로 2007년에 바뀌었어.

또 페루 보건성에 따르면 페루는 미-페루 FTA 체결 1년 뒤 9.6%, 10년 뒤 100%의 약값 상승이 발생할 것으로 예측하고 있어. 이렇게 되면 페루에서는 해마다 70~90만 명에 이르는 사람이 필수적인 의약품에 접근하지 못할 것이라고 해. 의약품에 접근하지 못한다는 게 뭐겠어? 돈이 없어 턱없이 비싼 약을 살 수 없다는 거야.

두 나라의 결과를 한국에 대입하면 한미 FTA가 체결되면 4인 가구당 다국적 제약회사에 1년마다 더 주어야 할 돈이 최소 6만 원이야.

다시 묻는다, '생명'인가 '이윤'인가?

지금 세계에서는 한 해에 1,400만 명이 약을 두고도 죽어. 약이 없어서가 아니라 돈이 없어서 죽어 가고 있는 거지. 에이즈 3백만 명, 말라리아 2백만 명, 결핵 1백만 명 등.

한편에서는 다국적 제약회사들이 연 200조 원을 벌고, 다른 한편에서는 이 이윤 때문에 1,400만 명이 죽어가는 세계가 과연 제정신인 것일까? 이 1,400만 명의 안타까운 죽음 앞에 특허는 재산권이므로 신성불가침이라는 자본주의에 대한 신앙고백은 여전히 유효할까? 더욱이 그 특허라는 것이 '신기술이 한 사람의 비밀로 남는 것이 아니라 인류의 공동 자산으로 하기 위한' 제도라는 목적을 완전히 상실한 지금 이 순간에도.

세계보건기구의 의약품 공공펀드 조성 계획에서 그 실마리를 볼 수 있듯 의약품 문제에 대한 대안은 그 개발과 생산·공급을 공적으로 관리해야 한다는 거야. 그러면 신약 개발자에게 충분한 동기를 부여할 만큼 공공펀드에서 부담할 수도 있고, 이렇게 하는 게 다국적 제약회사의 주주들에게 1년에 200조 원씩을 넘겨주는 것보다 개발자 자신에게도 그리고 무엇보다 인류에게 훨씬 더 좋은 일이기 때문이지.

"태양에 특허를 신청할 수 없다."며 특허를 포기한 소크 박사. 그는 스스로 개발한 백신에 특허를 신청하면 그야말로 돈벼락을 맞을 것임을 누구보다도 잘 알고 있었지. 하지만 그는 특허를 결연히 포기했고 그 덕분에 인류는 소아마비라는 질병으로부터 자유로울 수 있었어. '내 것'을 '남 주면 손해'라는 통념을 깨뜨리고 함께 나누면 모두가 행복해질 수 있음을 우리들에게 보여 준 것이지.

아들을 에이즈로 잃은 넬슨 만델라 대통령은 그의 집권 시절 남아프리카 공화국에서 에이즈 문제를 해결하기 위해 에이즈 약을 특허 없이 생산할 수 있도록 하는 법률을 제정했어. 그러자 35개 다국적 제약회사는 이 법률이 자신들의 이익을 침해한다고 재판을 걸었지.

이 재판이 열리는 날, 남아프리카 프레토리아 재판정 앞에서는 다국적 제약회사에 항의하는 시위대의 플래카드가 걸렸어. 그 플래카드에 적힌 구호는 이제는 전 세계적 의약품 접근권 운동의 공통의 외침이 된 바로 '이윤보다 생명'이라는 것이었어.

여러분은 어떤 세상에서 살고 싶은가?
'생명'보다 '이윤'이 앞서는 세상에서 살고 싶은가?
'이윤'보다 '생명'이 우선 되는 그런 세상에서 살고 싶은가?

시, 소설 안 읽고도 여태껏 잘만 살았다고?

문학은 '사람답게' 사는 길을 비추는 거울이야!

밥보다 백 배는 더 중요한 시 이야기 | 이상대

이상대

시를 한 편도 쓴 적이 없으나 아이들이 시인으로 알고 있는 중학교 국어교사. "시 안 읽고도 여태껏 잘만 살았는데요."라며 코딱지를 파는 제자들에 흥분해서 결국은 군기를 딱 잡아 놓고 〈밥보다 백 배는 더 중요한 시 이야기〉라는 협박적인 특강을 하고야 만다. 공부 안 하고, 게임과 야동에 넋을 놓고, 수업 시간이면 엎어지기 일쑤인 어린 엄지족 제자들과 소통하기 위해, 또 그 어린 제자들이 세상과 소통하는 것을 돕기 위해 함께 글쓰기를 했고, 그런 제자들의 글을 모아 『로그인 하시겠습니까?』라는 중학생 소설집을 펴내기도 했다.

나는 20년 넘게 중학교에서 국어를 가르치고 있습니다. 그동안 인연을 맺은 친구들만도 어림잡아 5천 명이 넘지요. 이 친구들과 1년 수업이 끝날 무렵이면 마무리 인사 삼아 꼭 묻는 말이 있습니다.

"올해 직접 시집을 사서 읽은 친구 있나?"

이 말에 아이들은 "웬 시집? 그러잖아도 피곤한 인생인데." 하며 뜬금없다는 표정을 짓기 일쑤입니다. 몇이나 될까요? 한 권에 육칠천 원쯤 하는 시집을 제 돈 내고 사서 읽는 친구들이. 정확히 얘기하면 최근 5년간 여섯 명 만났습니다.

아무리 바쁘다고 해도 이건 좀 지나칩니다. 시를 천대하고서야 어찌 세상을 논하겠습니까? 하긴 어른들조차 시를 읽지 않는 판에, 어린 청춘들만 꾸짖을 일도 아니긴 합니다.

그렇다고 그냥 지나칠 수는 없으니, 학년말이면 꼭 〈밥보다 백 배는 더 중요한 시 이야기〉라는 위협적인 제목으로 수업 마무리를 하게 됩니다. 이 시간엔 다른 때와 달리 분위기를 확 잡아 놓지요. 책과 공책도 모두 서랍 속에 넣게 하고, 자는 아이들도 깨우고, 핸드폰도 일절 못 만지게 합니다.

논술이라면 몰라도 도대체 돈이 생기는 것도 아니요, 떡이 생기는 것도 아닌, 그저 골치 아프기만 한 시가 밥보다 중요하다니? 대부분 친구들은 말도 안 된다는 표정입니다. "시 안 읽고도 여태껏 잘만 살았는데요." 하며 코를 후비는 친구도 있어요.

왜 시를 읽어야 하는가

시 안 읽고도 여태껏 잘만 살았다? 물론 그럴 수 있어요. 맛있는 것 골라 먹고, 똥 잘 싸고, 친구들과 잘 놀고, 연애 걸고, 누구든 그렇게 잘살 수 있습니다. 그러나 여기에 한마디 더 보태서 "사람답게 잘살았는가?"라고 물으면 대답하기가 쉽지 않을 것입니다. '사람답게!' 그래요, '사람답게' 사는 것을 돕는 것이 바로 시입니다.

   왜 시를 읽어야 하는가. 요약하면 한 가지입니다. 사람의 마음을 순결하게 닦아 주기 때문입니다. 사람답게 살라고 딱, 죽비를 내리치기 때문입니다.

> 눈보라 속 혹한에 떠는 반달이가 안쓰러워
> 스님 목도리 목에 둘러주고 방에 들어와도
> 문풍지 웅웅 떠는 바람소리에 또 가슴이 아파
> 거적때기 씌운 작은 집 살며시 들춰 보니
> 제가 기른 고양이 네 마리 다 들여놓고
> 저는 겨우 머리만 처박고 떨며 잔다

> 이 세상 외로운 목숨들은 넝마의 집마저 나누어 잠드는구나
> 오체투지 한껏 웅크린 꼬리 위로 하얀 눈이 이불처럼 소복하다
> 「성자의 집」 박규리 1)

무엇을 덧붙이겠습니까.

추위에 떠는 개 반달이가 안쓰러워 목도리를 벗어 둘러주는 스님도, 어린 고양이들을 제 집에 먼저 들여놓고는 저는 겨우 머리만 처박은 채 눈을 맞고 있는 개도 과연 성자聖者라 할 만합니다. 이런 시를 만나는 순간 누구나 성자의 마음이 되어 가슴에 손을 얹게 되지요. 나는 누구와 무엇을 나눈 적이 있는가. 누구의 고통을 덜어 준 적이 있는가.

시는 나와 세상을 비추는 거울입니다. 그리하여 위로와 이해, 용서, 나눔의 마음을 일깨우며, 진정한 아름다움이 무엇인지를 돌아보게 합니다. 시에 담겨 있는 이런 마음을 시심詩心이라 합니다. 진정 시심으로 충만한 사람은 이기와 탐욕을 꿈꾸지 않지요. 겸손하고 부드러우며, 이웃과 세상에 손 내미는 것을 주저하지 않습니다. 그러므로 "시 안 읽고도 여태껏 잘만 살았다."며 코 후비던 친구의 말은 빈말이기 쉽습니다.

친구들도 그랬지만, 어릴 때는 누구나 천사의 마음, 즉 시심을 지니고 있어요. 푸른 하늘에 감동하고 죽은 벌레 때문에 눈물짓습니다. 할머니 주름살도 슬프고, 비 맞는 새를 보고도 가슴 아파합니다. 남을 속일 줄도 모르고요. 그러나 나이가 들면

서 더 많은 지식과 교양을 배우고 익혔음에도 갈수록 도덕적으로 '타락'해 갑니다. 다 그런 것은 아니지만요.

속임수에 능란하고 아무 데나 침과 가래를 틱틱 뱉기도 하며, 말의 절반을 욕으로 채우고, 지하철에서 서 있는 할머니 앞에 앉아 조는 척도 잘하지요. 나 살자고 친구 따돌려 왕따 만들고, 때로는 방관하며, 싸움이 생기면 더 열심히 싸우라고 박수 치고 응원하며 핸드폰으로 찍느라 여념이 없습니다.

왜 이렇게 무섭고 살벌해졌나요? 시심을 잃어서 그렇습니다. 눈물이 왜 짠지 몰라서 그렇습니다.

지난 여름이었습니다 가세가 기울어 갈 곳이 없어진 어머니를 고향 이모님 댁에 모셔다드릴 때의 일입니다 어머니는 차 시간도 있고 하니까 요기를 하고 가자시며 고깃국을 먹으러 가자고 하셨습니다 어머니는 한평생 중이염을 앓아 고기만 드시면 귀에서 고름이 나오곤 했습니다 그런 어머니가 나를 위해 고깃국을 먹으러 가자고 하시는 마음을 읽자 어머니 이마의 주름살이 더 깊게 보였습니다 설렁탕집에 들어가 물수건으로 이마에 흐르는 땀을 닦았습니다

"더울 때일수록 고기를 먹어야 더위를 안 먹는다 고기를 먹어야 하는데…… 고깃국물이라도 되게 먹어둬라"

설렁탕에 다대기를 풀어 한 댓 숟가락 국물을 떠먹었을 때였습니다 어머니가 주인 아저씨를 불렀습니다 주인 아저씨는 뭐 잘못된 게 있나 싶었던지 고개를 앞으로 빼고 의아해하며 다가

왔습니다 어머니는 설렁탕에 소금을 너무 많이 풀어 짜서 그런 다며 국물을 더 달라고 했습니다 주인 아저씨는 흔쾌히 국물을 더 갖다주었습니다 어머니는 주인 아저씨가 안 보고 있다 싶어 지자 내 투가리에 국물을 부어주셨습니다 나는 당황하여 주인 아저씨를 흘금거리며 국물을 더 받았습니다 주인 아저씨는 넌 지시 우리 모자의 행동을 보고 애써 시선을 외면해주는 게 역력 했습니다 나는 국물을 그만 따르시라고 내 투가리로 어머니 투 가리를 툭, 부딪쳤습니다 순간 투가리가 부딪치며 내는 소리가 왜 그렇게 서럽게 들리던지 나는 울컥 치받치는 감정을 억제하 려고 설렁탕에 만 밥과 깍두기를 마구 씹어댔습니다 그러자 주 인 아저씨는 우리 모자가 미안한 마음 안 느끼게 조심, 다가와 성냥갑만 한 깍두기 한 접시를 놓고 돌아서는 거였습니다 일순, 나는 참고 있던 눈물을 찔끔 흘리고 말았습니다 나는 얼른 이마 에 흐른 땀을 훔쳐내려 눈물을 땀인 양 만들어놓고 나서, 아주 천천히 물수건으로 눈동자에서 난 땀을 씻어냈습니다 그러면서 속으로 중얼거렸습니다

눈물은 왜 짠가

「눈물은 왜 짠가」 함민복[2)]

시는 때로 역사를 만드는 깃발

시는 격려와 용서, 나눔의 아름다움을 전하는 데 그치지 않아

요. 시는 그 자체가 하나의 진실입니다. 때문에 세상이나 역사가 그릇된 길로 접어들면, 아니라고 즉각 들이대기를 주저하지 않습니다.

아는 친구는 알겠지만, 우리나라 1960~70년대는 박정희 독재정권 치하였습니다. 북의 침략을 막고 근대화를 추진해서 잘사는 나라를 만들겠다는 명분으로 18년 동안 무소불위의 권력을 휘둘렀어요. 정권을 비판하면 여지없이 잡아다가 고문하거나 죽였고, 심지어 퇴폐 문화 운운하며 머리를 길러도 잡아가고, 미니스커트를 입어도 잡아갔습니다. 신문도 논조가 수상하면 이런저런 트집을 잡아 곧바로 폐간시켰고요. 당연히 대학생들과 지식인들의 저항이 여기저기서 불거졌지요.

그들의 저항에는 늘 공포가 따라다녔습니다. 잡혀가는 순간 누구도 목숨을 장담할 수 없었거든요. 그래서 저항은 늘 은밀하였고 조심스러웠어요. 그런 저항에 용기를 불어넣고 뜨거운 피를 끓게 한 것은 몇몇 시인과 그들의 시였습니다.

> 신새벽 뒷골목에
> 네 이름을 쓴다 민주주의여
> 내 머리는 너를 잊은 지 오래
> 내 발길은 너를 잊은 지 너무도 너무도 오래
> 오직 한가닥 있어
> 타는 가슴 속 목마름의 기억이

네 이름을 남 몰래 쓴다 민주주의여

아직 동 트지 않은 뒷골목의 어딘가
발자욱소리 호르락소리 문 두드리는 소리
외마디 길고 긴 누군가의 비명소리
신음소리 통곡소리 탄식소리 그 속에 내 가슴팍 속에
깊이깊이 새겨지는 네 이름 위에
네 이름의 외로운 눈부심 위에
살아오는 삶의 아픔
살아오는 저 푸르른 자유의 추억
되살아오는 끌려가던 벗들의 피묻은 얼굴

떨리는 손 떨리는 가슴
떨리는 치떨리는 노여움으로 나무판자에
백묵으로 서툰 솜씨로
쓴다.

숨죽여 흐느끼며
네 이름을 남 몰래 쓴다.
타는 목마름으로
타는 목마름으로
민주주의여 만세

「타는 목마름으로」 김지하[3)]

민주를 외치던 친구와 동료들이 쫓기고 비명 속에 잡혀갑니다. 두렵고 공포스럽습니다. 그러나 어찌 포기할 수 있습니까. 그토록 눈부신 자유의 추억이 가슴에서 끓고 있는데. 그리하여 신새벽에 깨어 어금니를 깨물며 써 보는 것입니다. 타는 목마름으로 간절하게 외쳐 보는 것입니다. 민주주의여 만세.

당시 반독재 저항에 나섰거나, 나서지는 못해도 분노에 차 있던 사람들은 누구나 이 시를 베껴 남몰래 가슴에 품고 다니며 스스로를 뜨겁게 담금질했지요. 그리고 모이면 노래하며 외쳤어요. 민주주의여 만세! 그렇게 되찾은 민주와 자유가 지금 우리 곁에 있는 것입니다. 시와 노래가 있어 민주와 자유가 가능했습니다.

시를 어떻게 읽을 것인가

이렇듯 살가우며 이렇듯 뜨거운 시를 왜 멀리하게 되었나요? 그동안 우리는 공부를 위해 시를 읽었어요. 점수 때문에 운율을 외우고 주제를 익히고 갈래갈래 찢어서 분석했습니다. 덕분에 이놈의 시라는 것이 어렵고 딱딱하기 짝이 없는 '웬수'가 되어 버렸지요.

사실, 시는 시인이 삶 속에서 뽑아내 갈고 다듬은 일종의 편지입니다. 때로는 어린아이의 천진무구함으로, 때로는 연인의 애틋함으로, 때로는 등짝을 내리치는 스승의 준엄한 목소리로 쓰는 편지입니다. 하여 시를 제대로 읽으려면 생활 속에서 읽어야 합니다. 그래야 참맛을 느낄 수 있어요.

시를 읽을 때는 사과를 우쩍 깨물어 입 안에 배어드는 시원함과 육질을 만끽하듯 그렇게 읽으면 됩니다. 누가 사과 먹을 때, 아 이건 탄수화물이고 이것 비타민이야, 분석하며 먹습니까? 첫맛이 중요하지 운율이니 표현법이니 하는 정교한 시적 장치는 그 다음 문제라는 얘기입니다. 시도 자꾸 읽으면 시 읽는 눈이 생기게 마련입니다.

그래서 시 단원을 마치고 나면 두세 시간 도서실에서 시 읽는 시간을 애써서 마련합니다. 시집을 잔뜩 쌓아 놓고 이 시간만큼은 엎드려 읽어도 좋고, 들고 다니며 읽어도 뭐라 하지 않습니다. 그렇게 읽은 뒤 마음에 드는 시를 골라 그 이유를 써 보게 합니다. 편하게 읽으니까 감상도 부담이 없지요.

어느 여학생 감상이 이러했어요.

어제 내 단짝과 찢어졌다. 내가 싫어졌으니 쌩까고 지내잔다. 그 애 성격상 내 주변의 친구까지 다 데려갈 것이다. 집에 가서 얘기하니 엄마는 오히려 날 야단친다. 내가 뭘 잘못했을 거란다. 세상에 나 혼자 떨어진 기분이었다. 눈물도 안 났다. 학교에 오기도 싫었다. 1교시 국어 시간. 마음에 드는 시를 찾아 감상을 쓰란다. 기분도 처참한데 웬 시! 마지못해 시집을 뒤적이는

데 정호승 시인이 쓴 「수선화에게」4)라는 시가 눈에 들어왔다.

울지 마라
외로우니까 사람이다
살아간다는 것은 외로움을 견디는 일이다
공연히 오지 않는 전화를 기다리지 마라
눈이 오면 눈길을 걸어가고
비가 오면 빗길을 걸어가라
갈대숲에서 가슴검은도요새도 너를 보고 있다
가끔은 하느님도 외로워서 눈물을 흘리신다
새들이 나뭇가지에 앉아 있는 것도 외로움 때문이고
네가 물가에 앉아 있는 것도 외로움 때문이다
산 그림자도 외로워서 하루에 한 번씩 마을로 내려온다
종소리도 외로워서 울려퍼진다

아, 외로우니까 사람이란다. 가끔은 하느님도 외로워서 눈물을 흘린단다. 그러니까 참고 견딘단다. 꼭 나를 위해서 쓴 시 같았다. 어제 나오지 않던 눈물이 막 나왔다. 사람은 누구나 다 외롭다, 그렇게 생각하니 마음이 시원해졌다.

또 한 남학생은 이런 감상을 써냈어요. 공부 시간에 주로 만화를 보거나 잠을 자는 친구였는데, 그의 감상을 읽으면서 사람과 사람을 잇는 시의 소통 기능을 다시 한번 확인할 수 있었습니다.

아침에 엄마와 싸우고 학교에 왔다. 별것도 아니었는데, 아, 짱 나! 엄마가 해준 게 뭐가 있는데, 이러면서 소리를 질렀다. 학교에 왔는데 기분이 꿀꿀했다. 그러다가 도서실에서 정채봉 시인이 쓴 「엄마」5)라는 시를 읽게 되었다.

꽃은 피었다
말없이 지는데
솔바람은 불었다가
간간이 끊어지는데

맨발로 살며시
운주사 산등성이에 누워 계시는
와불님의 팔을 베고
겨드랑이에 누워
푸른 하늘을 바라본다

엄마……

시를 읽는 순간, 기분이 이상했다. 그렇다. 나는 졸라 나쁜 놈인 거다. 이 시인에게는 잔소리를 해줄 엄마도, 꾸짖어 줄 엄마도 없다. 오죽했으면 딱딱한 돌부처 품에 안겨 엄마를 찾았겠는가. 어떤 사람은 엄마가 없어서 이렇게 아파하는데, 나는 짜증이나 내고, 소리나 지르고……. 정말 싸가지가 없는 놈이다. 돌아서면 후회할 짓을 왜 하나 모르겠다. 오늘은 집에 가서 잘못했다고 하고 안아 드려야겠다. 지금도 맨 마지막의 '엄마……'라는 구절이 마음에 남아 있다.

소설 또한 내 곁의 친구로 삼아야

친구들이 워낙 시를 읽지 않으니까 시를 강조했을 뿐이지 소설이나 수필 한 편 읽는 것도 사실은 그 못지않게 중요합니다. 소설, 수필 역시 삶의 문제에 뿌리를 내리고 있기 때문이지요. '통찰'이라는 점에서는 오히려 시보다 구체적이며 깊은 울림과 충격을 주기도 합니다.

이미 읽었겠지만, 『나의 라임오렌지나무』나 『몽실언니』 같은 소설은 '사는 것'에 대한 성찰을 눈물로 깨닫게 하며, 전우익 농부의 『혼자만 잘 살믄 무슨 재민겨』도 그런 점에서 예사롭지 않은 생각을 전해 주지요.

'난쏘공'으로 불리는 『난장이가 쏘아올린 작은 공』도 있어요. 아다시피 '난쏘공'은 출판된 지 30년간 백만 부 가까이 팔린 문단 사상 최고의 스테디셀러로 꼽히는 소설입니다.

　　사람들은 아버지를 난장이라고 불렀다. 사람들은 옳게 보았다. 아버지는 난장이였다. 불행하게도 사람들은 아버지를 보는 것 하나만 옳았다. 그 밖의 것들은 하나도 옳지 않았다. 나는 아버지, 어머니, 영호, 영희, 그리고 나를 포함한 다섯 식구의 모든 것을 걸고 그들이 옳지 않다는 것을 언제나 말할 수 있다. 나의 '모든 것'이라는 표현에는 '다섯 식구의 목숨'이 포함되어 있다. 천국에 사는 사람들은 지옥을 생각할 필요가 없다. 그러나 우리 다섯 식구는 지옥에 살면서 천국을 생각했다.

이렇게 시작되는 이 소설은 '낙원구 행복동'에 사는 '난장이' 일가―家를 통해 화려한 도시 재개발 뒤에 숨은 소시민들의 아픔을 눈물겹게 그리고 있습니다. 난장이로 표현된 아버지의 존재는 소설의 주제를 드러내는 상징적인 존재지요. 아무리 열심히 일해도 착한 사람이 살아갈 수 없는 세상이라면 달나라로 갈 수밖에 없다는 생각에 그는 공장 높은 굴뚝을 오르다가 떨어져 죽고 맙니다.

당시 많은 사람들이 이 소설을 통해 1970~80년대 노동자들을 쥐어짜서 얻은 대가로 제 몸피를 늘려가던 자본주의와 도시 개발의 모순에 주목하기 시작했어요. 그 모순은 빈부의 양극화라는 문제로 지금도 우리 앞에 놓여 있으며, 난장이 일가가 꿈꾸던 세상도 ―모두에게 할 일을 주고, 일한 대가로 먹고 입고, 누구나 다 자식을 공부시키며 이웃을 사랑하는 세계, 지나친 부의 축적을 사랑의 상실로 공인하고 사랑을 갖지 않은 사람네 집에 내리는 햇빛도 바람도 막아 버리는— 여전히 우리에게서 멀리 있습니다.

 어쨌거나 분명한 것은 이 책을 덮는 순간, 세상이 다른 모습으로 비춰진다는 것입니다. 대기업 앞에서 엎어지고 자빠지며 싸우는 노동자들의 모습도, 즐비한 고층 건물 뒤에 자리한 천막촌의 모습도, 온갖 호위를 받으며 검찰에 출두하는 대기업 간부들의 얼굴도 이전과는 확실하게 다른 의미로 읽히지요. 세상을 보는 또 다른 눈이 생겼기 때문입니다. 이게 소설의 위력이요 힘입니다.

 소설 이야기가 나온 김에 하나만 더 볼까요.
 『내 영혼이 따뜻했던 날들』, 이 소설은 자전적 소설로 체로키 인디언들의 이야기를 담고 있습니다. 이 소설에 대해 레나드 스트릭랜드라는 사람은 "한번 읽고 나면 결코 읽기 이전 상태로 되돌아갈 수 없게 만든다."라고 말했어요. 왜일까요? 그는 체로키 혈통의 '작은나무' 가족이 인간으로서, 또 인디언으로서 자연과 더불어 살아가는 방식에 주목한 겁니다.
 할머니, 할아버지는 어린 '작은나무'에게 몸으로 깨우쳐 주지요. 애야, 좋은 일이 생기거나 좋은 것을 손에 넣으면 먼저 이웃과 함께 나누도록 해야 한다. 그렇게 하다 보면 말로는 갈 수 없는 곳까지도 그 좋은 것이 퍼지게 된다. 그리고 필요한 것 외에는 자연에서 절대로 더 빼앗지 않아야 한단다.

이런 교훈은 그들이 얼마나 순결한 영혼을 지닌 사람들이며, 아울러 우리가 잘 먹고 살면서 무엇을 잃어가고 있는지 뼈저리게 깨닫게 합니다. 이 소설에『나를 운디드니에 묻어주오』같은 책을 곁들여 읽으면, 아메리카 대륙에 상륙한 백인들이 문명이라는 이름으로 얼마나 끔찍한 일을 저질렀는가, 전율하게 됩니다.

실제 역사 속에서 체로키 부족은 어떻게 되었나요? 미국 동남쪽 울창한 체로키 산맥 속에 체로키 인디언 보호구역이 있습니다. 그들은 그곳에서 정해진 시간에 민속춤을 추거나 인디언 복장으로 사진을 찍어 주면서 생계를 유지하고 있어요. 백인들이 대륙을 정복하면서 저항하는 수많은 인디언들을 무참히 살해하고, 항복한 사람들은 부족별로 나누어 보호구역 안에 가두어 버린 것입니다.

우리는 이렇게 배웠어요. '1492년 콜럼부스의 신대륙 발견'이라고. 친구들도 그럴 겁니다. 그러나 이 표현은 과연 정당한가요? 애당초 이토록 거룩한 사람들이 살고 있었는데 어찌 '신대륙'이며 어찌 '발견'입니까. 철저하게 제국주의의 입장만 편든 용어일 뿐이지요.

소설은 이처럼 한 편의 이야기를 넘어, 때로는 사회와 역사를 뒤집어 살필 수 있는 눈을 틔워 줍니다. 그것이 씨줄 날줄로 엮이면서 좀 더 폭넓은 인생관, 세계관에 이르지요. 작은 개울이 시내를 만나 강을 이루고 드디어는 삶과 철학의 도도한 바다에 이르는 이치와 같습니다.

왜 써야 하는가

이쯤해서 쓰는 이야기를 안 할 수 없습니다.

읽는 것 못지않게 쓰는 것도 중요합니다. 읽는 것은 얼마든지 좋은데 쓰라고 하면 미치겠다는 친구들을 여럿 만났어요. 그러면 하나 물어보겠습니다. 친구들은 몸이 아플 때 어떻게 합니까? 어디가 어떻게 아프다고 부모님께 하소연하거나 의사에게 처방을 구하지요.

그럼 마음이 아프면 어떻게 합니까? 그래요. 이때는 내가 이렇게 살고 있다고, 그래서 마음이 이만큼 아프다고, 혹은 이런 것 때문에 견딜 수가 없다고 세상에다 소리쳐야 합니다. 앞서 소개한 '난쏘공'을 쓴 조세희 소설가도 이런 말을 했어요.

"사람이 태어나서 누구나 한번 피 마르게 아파서 소리 지르는 때가 있는데, 내가 너무 아파서 지른 간절하고 피맺힌 절규가 '난쏘공'이었다."

친구들이야말로 질풍노도, 피 끓는 청춘들입니다. 하고 싶은 것은 얼마나 많으며 또한 쌓인 불만으로 가슴은 얼마나 터질듯 합니까. 그걸 드러내지 않고 담아 두니까, 인상 팍팍 쓰고 다니며 씨발, 좆도, 짱나, 재수없어 같은 욕으로 터져 나오고, 남 뒷담이나 악플로 불거져 나오는 겁니다.

쓰고 싶어도 어떻게 쓰는지 모르겠다고요? 친구들은 전문 작가가 아닙니다. 일단 편하게 나오는 대로 쓰는 것부터 시작하면 됩니다. 그런 점에서 시 쓰기는 똥 누기와 같아요. 똥 누면서 멋진 똥을 만들겠다고 엉덩이 흔드는 사람은 없습니다. 물론 좀 더 잘 쓰고 싶거나 경지에 오르고 싶으면 남의 시나 글을 많이 읽는 공부를 하면 됩니다.

좋은 시를 많이 읽고 외다 보면 절로 시 가락이나 비유 같은 것이 몸에 배게 되고, 하고 싶은 이야기를 그런 가락에 실어 보낼 수 있게 됩니다.

그러나 처음부터 너무 잘 쓰려고는 하지 맙시다. 그러면 어깨에 힘이 들어가고, 부담이 되어서 입 밖으로 글이 나오지 못합니다. 첫술에 배부르겠습니까.

> 한 대 맞으면 눈물 나오고
> 두 대 맞으면 코피 나오고
> 세 대 맞으면 별이 보이고
> 네 대 맞으면 눈에 뵈는 게 없다.

「마빡 맞기」라는 제목으로 초등학생이 쓴 시입니다. 쉽고 재미있지요? 이렇게 시작하면 됩니다. 형식에 얽매이기보다 무

엇을 쓰고 싶은가, 라는 것에 주목하면 쓰는 것이 한결 쉬워
집니다.

덫

나는 만화도 게임도 하지 말아야 하는 사람이고
나는 항상 조용히 수업을 들어야 하는 학생이고
나는 교복을 줄이지 않고 단정히 입어야 하는 모범생이고
나는 얌전히, 요조숙녀처럼 행동해야 하는 1학기 부회장이고
나는 성적에 대한 걱정도 남들에게 당하는 비교도 없어야
하는 1등이고
나는 다른 집 장남보다 훨씬 뛰어나야 하는 장녀이고
나는 항상 동생들에게 '모범'이라는 것을 보여야 하는 첫째
이고
나는 어떤 상황에서도 동생에게 양보할 줄 알아야 하는 언니
이다.

나는 언제쯤 이런 덫으로부터 풀려서
나답게, 내가 하고 싶은 대로 할 수 있을까.

이 시를 쓴 정연이(중2)는 부회장으로 성적도 전교 최상이
고, 누구에게나 친절하고 상냥한 친구입니다. 범생이지요. 이
시를 읽으면서 비로소 그 해맑은 웃음 뒤에 이런 고통이 따라

다녔다는 사실을 알게 되었습니다.

왜 쓰는가? 그렇습니다. 쓴다는 것은 내 존재를 드러내는 것입니다. 존재를 드러내는 순간, 주위와 소통이 가능해집니다. 여러 친구들과 부모님, 선생님 사이가 살갑지 않은 것은 바로 이런 소통이 끊겨서 그렇습니다. "괜찮아. 하고 싶으면 멋도 부려 보고, 교복도 한번 줄여 입어 봐. 그거 별거 아냐." 이렇게 '탈선을 부추기면서' 그와 친해진 것도 시 한 편 때문이었습니다.

존재를 드러내고, 소통의 길을 뚫는 것으로 말하면 소설 쪽이 한결 힘이 셉니다. 소설이야말로 전문가의 영역이라고 생각하지만, 이것도 오해입니다. 소설도 결국은 삶이 바탕된 기록 아니겠습니까. 아쉽고 서러운 것, 꼭 터뜨리고 싶은 이야기, 꿈꾸는 세상, 이런 것이 없는 사람은 없어요. 거기부터 내가 할 수 있는 만큼 발을 내디디면 소설도 생각만큼 그렇게 어마어마한 일은 아닙니다.

지난해 중2 친구들과 함께 글을 쓰고, 그것을 『로그인하시겠습니까?』라는 소설집으로 묶어 낸 적이 있습니다. 그때도 수행평가로 소설을 쓰자니까 처음에는 그건 자기들을 두 번 죽이는 일이라고 아우성을 쳤어요.

그래서 이렇게 말했습니다.

"너희들 이야기를 너희 아니면 누가 써? 집에서 부모님과 말이 잘 통해? 친구 사이는 갈등 없이 매끈하게 잘 풀리고? 야동 봤지? 어때, 가슴도 벌렁벌렁하고 세상 사람들이 다 달라 보이지 않았어? 공부는 또 어떻고? 일부러 못하는 거 아닌데, 공부도 못하는 게 뭔 핸드폰이냐고 퍼부을 때는 뻥 돌아 버리는 것 같지 않았어? 이유도 없이 누군가를 확 패 버리고 싶은 분노가 치밀어 오를 때도 있지? '나'가 되었든 '강쇠'가 되었든 한 인물을 내세워 내가 겪은 이야기를 일정한 형식으로 담으면 그게 소설인 거야. 길이에 부담 갖지 말고 일단 써 보자. 아마 부모님들이 열혈 독자가 될 거야. 왜? 말도 안 듣고 개기기만 하는 너희 마음보가 너무너무 궁금하거든. 친구들한테도 도움이 되겠지. 아, 나랑 똑같은 고민을 하는 인간들도 있구나. 그래 이렇게 이겨 낼 수도 있겠다, 하면서 위안도 받고 세상에 눈도 뜨고……. 너희들 이야기를 소설로 쓰는 거, 이거 생각보다 아주 대단한 일이야."

이렇게 해서 소설쓰기가 시작되었는데 나도 놀라고 저희들 스스로도 놀랐습니다. 얼마나 치열한 갈등 속에서 살고 있는지, 읽으면서 내내 가슴이 시렸어요. 헤어진 부모 밑에서 그 외로움을 견디는 이야기, 살아남기 위해 친구를 왕따로 팔아먹고 권력자의 그늘로 들어간 이야기, 맞벌이 부모님 때문에 늦게까지 혼자 집을 지키며 로그인의 세계로 빠져든 아이 이야기, 한결같이 구구절절해서 소설적 완성도 뭐 그런 것은 크게 문제도 되지 않을 정도였어요.

흔히 성장소설하면 『데미안』이나, 『수레바퀴 아래서』, 『호밀밭의 파수꾼』 따위가 권장도서로 꼽힙니다. 물론 성년이 되는 과정에서 겪는 혼돈과 고뇌를 탁월한 역량으로 형상화한 수작이지요. 그러나 어른이 된 뒤에 돌이켜 쓴 글이기 때문에 종교적, 철학적 깊이는 대단하나 생생한 현실감에서는 흡인력이 덜한 편입니다.

그에 비해 친구들이 쓴 소설은 깊이에서는 모자라지만 당시의 생생한 호흡을 드러내는 면에서는 압권이었어요. 시대의 속도가 빨라지면서 이런 식으로 당사자들이 당시 이야기를 곧바로 드러내는 일은 충분히 의미 있는 작업일 수 있습니다. 세대 간의 조화와 소통을 돕기 때문이지요.

어쨌거나 여러 차례 다듬는 과정(이런 과정을 거치면 글의 수준이 확 달라집니다)을 거쳐 책이 나온 뒤에 많은 부모님에게 편지를 받았습니다. 어느 어머님이 하신 말씀이 지금도 기억에 남아 있어요.

"이제 아이가 학교에서 오면 '공부는 안 하고 또 잠만 잤지' 이렇게 추궁하지 않고 가만히 끌어안을 수 있을 것 같다."

자신의 이야기를 한다는 것이 이만큼 중요합니다. 똑같은 교실에서 똑같이 공부하는 친구들이 쓰는데도 활용하는 소재가 다르며, 이르고자 하는 지점도 다르고, 해결 방식도 다릅니다. 그런 '제각각'을 통해서 서로의 존재감을 이해하고 연대할 수 있는 채널을 갖게 됩니다. 이게 바로 쓰기의 매력입니다.

다시 한번 당부하건대

요즘 중고생 친구들은 너나없이 그놈의 '논술'을 공부하느라 정신이 없습니다. 생기는 학원마다 논술이요, 나오는 책마다 '논술정복'입니다. 논술이 무엇인가요? 말 그대로 일정한 주제에 대해 자신의 견해와 생각을 한 편의 글로 완성하는 것입니다. 당연히 교양과 지식이 뒤따라야지요. 그러한즉 세계의 교양을 읽어라, 과학적 기초를 다져라, 하는 식의 주문과 협박이 사방에서 쏟아지고 있어요.

논술력을 갖추는 것, 물론 좋습니다. 그러나 이것들도 여태껏 이야기한 시심, 세상을 살피는 통찰력이 뒷받침되지 않으면 허망하기 짝이 없는 노릇입니다. 인간, 생명에 대한 애정을 갖추지 못한 지식과 용기만큼 위험한 것도 또 없거든요. 히틀러나 무솔리니 같은 세계를 뒤흔든 난폭한 침략자들이 바로 그에 해당하는 경우입니다. 같은 먹이를 먹어도 누구는 독을 만들고 누구는 뿔을 만들며 누구는 향기를 품는 이치와 같습니다.

사회 지식보다 사회 의식이 중요하고, 역사 지식보다 역사 의식이 중요합니다. 어떻게 의식을 키울 것인가. 앞에서 얘기했듯 시와 소설을 가까이 함으로써 가능합니다. 시와 소설을 읽고 쓴다는 것은 어찌 보면 아주 개인적인 사소한 일 같지만, 아닙니다. 내 삶을 돌아보고 그를 바탕으로 세상에 적극 참여

하는 사회 행위인 것입니다.

  이제 "시 안 읽고도 여태껏 잘만 살았는데요." 이렇게 맹랑한 얘기는 하기 없기입니다. 시 소설 같은 문학을 가까이 해야 영혼이 살찌고, 이 혼탁한 세상에 그나마 사람답게 사는 길이 열립니다. 친구들의 건투를 빕니다.

1) 『이 환장할 봄날에』 창비, 2004.
2) 『눈물은 왜 짠가』 이레, 2003.
3) 『타는 목마름으로』 창비, 1982.
4) 『외로우니까 사람이다』 열림원, 1998.
5) 『너를 생각하는 것이 나의 일생이었지』 샘터, 2006.

가진 게 없어
나눌 수 없다고?

가난하니까
더 나누어야지!

함께 먹는 밥, 동무, 꿈 – 공동체 이야기 | 김수연

김수연

인천 만석동에 20년 전 처음 문을 연 '기차길옆작은학교'. 그곳은 가난한 아이들과 함께 집, 밥, 평화를 나누며 사는 꿈을 꾸는 작은 공동체이다. '작은학교'를 꾸려 가는 이들을 그곳 아이들은 이모 삼촌으로 부른다. 그곳에서 1988년부터 일해 온 수연이모는 함께하는 이모 삼촌들, 40여 명의 아이들, 남편, 세 딸과 함께 밥해 먹으며 울고 웃느라 하루 스물네 시간이 모자라는 바쁜 아줌마다. 수연이모는 오늘도 '작은학교' 아이들과 함께 만든 인형극단 '칙칙폭폭'과 함께 트럭에 인형을 가득 싣고 세상 곳곳으로 평화의 유랑을 떠나는 꿈을 꾸며 산다.

윤경이가 만들어 준 계란밥

내가 2학년 때 윤경이가 집에만 가면 프라이팬에다 계란을 깨서 주걱으로 계란을 막 섞었다. 그러고는 찬밥을 한 덩어리 넣고 소금을 뿌렸다. 나도 만들고 싶었는데 윤경이가 못 한다고 상에다 숟갈이랑 김치를 꺼내 놓으라고 그랬다. 그래서 난 상을 펴고 숟갈이랑 김치를 놨다. 윤경이가 쟁반에 계란밥을 폈다. 우린 계란밥이랑 김치를 먹고 놀았다. 난 윤경이가 만들 때 고소한 냄새가 참 좋다.

(초등학교 3학년이던 연수가 2004년에 쓴 일기)

윤경아!
오늘 공부방 끝난 뒤에도 연수랑 승연이 데리고 집에 가서 '김치 계란밥' 만들어 먹었지? 아까 기초 학습 시간에 수학 공부 하다가 말고 불퉁거리고 화를 내는 바람에 이모한테 한차례 지청구를 듣고 집에 간 터라 이모는 속으로 걱정하고 있었거든. 혼자 저녁밥이나 차려 먹으려나 하고 말이야. 더구나 학교에서 힘이 센 친구들이 약한 친구들을 따돌리고 괴롭힐 때 공부방에서 배운 '평화'를 생각하면 너무 힘이 든다는 네 말 때문에 이모 걱정은 더 컸단다.

공부도 잘하지 못하고, 몸도 날씬하고 예쁘지도 못한 데다가, 아빠와 언니 세 식구가 사는 집도 자랑할 것이 아닌 처지. 학교에 가면 너도 누구보다 별 볼일 없이 약한 사람이기 때문에 더 힘센 아이들 앞에서는 눈치 보는 때가 더 많을 테지.

그런데 너보다 더 약한 친구들에게도 함부로 할 수 없을 때는 정말 화가 난다고 했지. 다른 아이들이 하듯 너보다 약한 친구들한테 아무렇지도 않게 화풀이를 하고 싶은데 그럴 수도 없다고 말이야. '평화 공부'가 생각나고, 학교에서 따돌림받는 공부방 동생들이 생각나서 그렇게는 할 수 없어서 더 힘이 든다고.

그래, 윤경아!

세상은 점점 힘이 센 사람들부터 순서대로 줄 세우기를 하려 한단다. 다른 사람보다 부자가 되고 힘이 세지기 위해서라면 무엇이든 다 버리고 모르는 척해도 괜찮다고 막무가내로 가르치려 들지.

그런데 언제나 더 약한 사람들 편을 들고 그이들과 친구가 되는 게 진짜 '옳은 것'이라는 말이 얼마나 어렵게 느껴지겠니? 거기에다 우리가 살고 있는 만석동은 줄을 세운다면 맨 마지막에 세우고도 모자랄 가난하고 보잘것없는 사람들이 모여 있는 곳이잖아. 더 빼앗아도 모자랄 판에 내가 가진 보잘것없는 것 또한 나누는 게 '가장 좋은 것', '가장 행복하게 사는 것'이라는 말은 또 얼마나 너를 힘들게 하겠고 말이야.

 그러니 너 혼자 뒤처지고 못난 것만 같아 불안하고 화도 날 때가 많을 거야. 그래서 어떨 때는 너도 남들보다 더 많이 갖고 잘나 보일 수만 있다면 모든 것을 다 버려도 좋다 생각하고 뛰어들고만 싶은 때도 있겠지.

 하지만 윤경아!
 이모는 너를 '힘들게' 하고, '어렵게' 하는 그런 마음이 사실은 '가장 좋은 것'이라는 걸 네가 이미 가슴속 깊이 느끼고 있다고 생각한단다.
 우선 오늘 저녁, 너희 좁은 집에 연수랑 승연이를 데리고 가서 계란 부치고 김치 썰어서 같이 먹었던 밥을 떠올려 보렴. 그렇게 서로 잘나고 못난 것 재지 않아도 되는 비슷비슷한 친구들이랑 밥을 나누어 먹을 때의 마음 말이야. 그래, 함께하는 것이 참 좋고 즐거운 일이라는 것을 맛본 사람들은 그 좋은 맛을 지키기 위해 어렵고 힘든 것을 이겨 낼 힘이 생기는 것이라고 이모는 믿는단다.
 윤경아, 공부방에서 함께했던 '좋은 맛'들을 한번 떠올려 보지 않을래?
 함께 먹는 밥, 함께 흘린 눈물, 나눌수록 더 커지는 기적들을…….

함께 나누어 먹는 밥

만석동에서 산 지 벌써 16년째 접어들고 있다.

우리 동네 사람들은 너나 할 것 없이 모두 바쁘다. 아줌마도 아저씨도, 거의 인천과 특히 만석동을 둘러싸고 있는 공장에 다니신다.

그래도 이웃 간에 정이 두텁다. 겨울엔 동네 아줌마들이 굴을 까신다. 바닥에 이불을 깔듯 굴을 쫙 펼쳐 놓고 호스에 물을 연결해서 뿌린다. 그러면 아주 깨끗하게 뻘흙이 벗겨진다. 그럼 그것을 큰 통에 담아 집에 들어가서 까거나 아니면 바깥 굴막에 난로를 하나 놓고 깐다. 굴도 구워 먹고 가끔 굴 포대에서 나오는 게도 구워 먹는다.

그리고 점심 먹을 때가 되면 굴 까는 아줌마들이 모여서 큰 그릇에 밥을 비벼 숟가락 몇 개 꽂아 다정하게 너 한 숟갈 나 한 숟갈 하며 맛있게 드시고 차 한 잔 하고 이야기 나누다 다시 굴을 까기 시작한다. 이런 모습들은 참 보기 좋다.

또 우리 동네 집들은 네모난 상자를 본드로 붙여 놓은 듯 딱딱 달라붙어 있다. 그 사이사이 골목은 고양이들의 집이고 또 쥐들의 집이기도 하다. 또 하도 좁은 골목이 많아서 숨바꼭질이나 술래잡기 할 때엔 최고다.

그리고 우리 집에서 조금 내려오면 조그만 공터가 있는데 그곳은 유일한 아이들의 놀이터인데 공터 앞에 집들이 많아 떠들면 아줌마들이 빗자루를 들고 소리를 지르며 아이들을 야단친다.

우리 동네엔 차가 다니는 도로가 있는데 우리 동네에 들어오는 버스는 28번 버스뿐이다. 길이 좁아 차들이 서로 기다렸다 비켜 가고 기다렸다 비켜 가고 그렇지 않으면 사고가 날 정도로 길이 좁다. 그리고 이곳을 아이들이 다니다 사고가 나기도 한다. 길이 넓으면 좋을 텐데.

우리 동네를 다른 사람들은 가난한 동네라고 하지만 우리 동네의 어른들도 열심히 살고 아이들도 많고 언젠간 우리나라 어느 동네보다 아름다운 동네가 될 것이다.

(중학교 3학년이던 정희가 1994년에 쓴 일기)

10년도 훨씬 전에 이모가 중등부 아이들하고 글쓰기 할 때 네 선배 정희 언니가 썼던 글이야. 이모가 1988년에 처음 만석동에 왔을 때 이모의 마음을 붙잡고 발길을 머물게 했던 게 무언지 그대로 담겨 있는 글이지.

그때만 해도 변화가 중의 하나였던 동인천역 앞에서 28번 버스를 타고 5분이면 만석동에 닿았단다. 버스에서 내려 눈을 조금 들면 나지막한 언덕에 오래되어 색이 바랜 슬레이트 지붕들이 다닥다닥 붙어 있고, 집마다 작은 창문들이 달려 있는 게 보였지.

어떤 지붕은 파란색 천막 비닐로 땜질을 해서 붙여 놓았고, 어떤 지붕은 얼룩덜룩한 비닐 장판을 잘라 올려놓았어. 다른 동네에서 그렇게 흔히 보이는 빨간 벽돌집 하나 없었지만 도란도란 이야기 나누는 것처럼 붙어 있는 지붕들이 그렇게 따뜻하고 고와 보일 수가 없었지.

동네 한쪽은 똥바다라고 부르는 만석부두로 이어져 있어 언제나 다른 곳보다 바람이 세었지. 그래도 바다 쪽으로는 하늘이 언제나 넓게 열려 있었단다. 맑은 날 해가 질 무렵이면 서쪽 하늘로 지는 노을이 나지막한 동네 언덕의 지붕들을 물들였지.

버스가 다니는 길에서 조금 걸어 들어오면 거미줄 같은 골목이 보였어. 좁은 골목에는 집이 좁아 내놓은 손때 묻은 세간들이 차곡차곡 놓여 있었지. 그리고 덩치 큰 어른들은 혼자 어깨를 펴고 지나기도 어려운 그 골목에 꼬마들이 모여 앉아 놀고 있었어. 너나 할 것 없이 활짝 열린 방문 안으로는 조그만 물건들을 조립하는 부업을 하는 아줌마들이 모여 앉아 웃고 떠드는 게 보였고 말이야.

그렇게 비슷비슷하게 생긴 집들 가운데 하나가 바로 '기차길옆공부방'이었지.

버스가 다니는 길가 이층집에 세 들어 살던 공부방에 처음 갔던 날도, 1990년 동네 안쪽 공터 앞 나지막한 이층집을 싼값에 사서 공부방이 이사하던 날도 이모가 공부방에 와서 가장 먼저 한 게 바로 '밥'을 먹는 거였어.

큰길가 다락방 같은 이층집에 세 들어 살던 공부방에 해질 무렵 찾아가면 큰이모가 좁은 부엌에서 저녁밥을 짓고 있었어. 낮에 초등부 아이들을 돌본 이모 삼촌들과 밤에 중등부를 담당할 사람들이 같이 밥상에 둘러앉아 밥을 먹었지. 반찬은 별로 없고 방은 좁았지만 그렇게 밥을 먹고 나면 몸도 마음도 따뜻해지고 함께하는 사람들도 더 가깝게 느껴졌어.

하루하루 공부방에 와서 지내는 시간이 많아지면서 이모는 이모 삼촌들과 밥을 나누어 먹는 게 만석동과 얼마나 잘 어울리는 것인지 알게 되었단다.

네 선배 언니가 쓴 것처럼 동네 아줌마와 할머니들은 굴을 까거나 부업을 하다가도 밥 때가 되면 저절로 모여 함께 밥을 먹었지. 겨울이면 조금 넓은 골목에 있는 집들은 저마다 집 앞에 굴막을 지어 놓고 굴을 깠어. 늦봄부터 한여름 나고 찬 바람 불 때까지는 또 마늘 까기, 전자제품 조립하기 같은 부업을 하면서 골목마다 아줌마, 할머니들이 복닥거렸고.

서로 비슷비슷한 살림이니 고만고만한 반찬들일 텐데도 밥 때가 되면 저마다 굴 까고 마늘 까던 손으로 집에 들어가 반찬 하나씩 가지고 나와서는 나누어 먹었어.

어쩌다 한 집에서 막걸리 먹던 거라도 들고 나오는 날이면 점심시간은 고무줄처럼 길어지는 거야. 한 잔씩 돌려 마신 막걸리가 거나해지면 분명히 할머니 한 분이 어깨를 들썩이며 노래 한 자락을 부르실 거고, 그러다 무당집 할머니가 장구라도 들고 나오면 판은 더 커지지. 지금의 삶은 고단하고 몸은

늙었어도 어느 시절 배우셨을 장구 장단을 잊지도 않고 기억하는 할머니들이 덩따쿵 장구 장단을 치면 이모도, 또 공부방에서 공부하던 아이들도 덩달아 신이 나고 기분이 좋아졌어.

어떤 날은 언제 그랬냐 싶게 금세 다시 집 앞이 일터로 변해서는 굴 까고 마늘을 까지만 어떤 날은 노래하고 옛날 살던 이야기하면서 해가 뉘엿뉘엿 넘어가기도 했단다.

하지만 무엇보다 '밥을 나누어 먹는' 진짜 기쁨을 배운 건 바로 공부방에 다니는 아이들한테서였어. 지금 너처럼 말이야.

지금이나 20년 전이나 공부방에 오는 아이들 가운데 끼니에 맞춰 어른들이 불러 밥상을 차려 주고 둘러앉아 밥을 먹을 수 있는 아이들은 거의 없잖아. 집에서 부업을 하는 할머니나 엄마가 있는 경우는 좀 달랐지만, 대부분 젊은 분들은 새벽에 나가 밤에 들어오는 일을 하느라 아이들은 혼자서 끼니를 때워야 했지.

초등부 공부방이 끝나면 해질 무렵이 되고 저녁밥 때가 되지. 이모들은 집에 가는 아이들에게 하루도 빼놓지 않고 '집에 가서 먼저 밥 차려 먹고 나와서 놀기', '해지고 너무 늦게까지 나와서 놀지 않기' 하는 약속을 했단다.

불도 켜 있지 않을 텅 빈 방에 들어가 상을 차려 밥을 먹는 게 얼마나 싫을지 잘 알기 때문에 공부방이 끝나고 집에 보낼 때면 언제나 마음이 아팠지. 하지만 아이들 힘으로는 바꿀 수 없는 형편을 받아들이면서 스스로 할 일은 해 나가는 걸 배워야 한다는 마음도 컸지.

끼니마다 입에 맞는 밥을 차려 주고 골라 먹여 줄 어른들이 있는 집들과 달리 우리 아이들의 부모님들은 공장에서 길에서 가게에서 한데 밥을 드시면서 아이들을 키우기 위해 일을 하고 계신 거였으니까 말이야.

밤늦게 들어와서도 어머니 아버지 할머니 할아버지들은 대부분 아이들이 다음 날 하루 종일 먹을 밥을 해 전기밥통에 넣어 놓고 국 하나라도 끓여 놓으셨지. 너무 일이 힘들거나 사는 게 힘들어 어머니 아버지가 서로 다투기라도 하는 때는 며칠씩 밥통에 밥이 달라붙어 가기도 했지만 그래도 어른들은 다시 추스르고 일을 나가고 밥을 해 놓곤 하셨어.

그런데 그렇게 외롭게 혼자 먹는 밥 대신에 공부방에 다니는 아이들은 '같이 먹는 밥'을 먹기 시작했단다. 누구네 집에 국이라도 있는 날은 몇몇이 거기 가서 같이 밥 말아 먹고 나가 놀고, 어른들이 바빠 국 하나도 끓여 놓지 못한 날은 또 다른 아이네 집에 가서 같이 라면 끓여 먹고.

어떤 날은 또 집집마다 냉장고에 있는 반찬을 하나씩 뒤져 가져와서는 양푼에다 비빔밥도 해 먹고. 며칠이 가도 집에서 국 하나 반찬 하나 가져올 수 없는 친구는 푼푼이 돈을 모아 두었다가 김이나 참치캔 하나 사서 가져오기도 하고…….

'밥값을 한다'는 건 '나눈다는 것'

어른들이 하는 말에 밥값을 한다는 말이 있어. 때로 그 말은 '사람 구실'을 못한다는 핀잔으로 쓰일 때도 많지만 이모는 그 말이 참 좋단다. 하나의 생명으로 태어나 살아가기 위해서는 누구든 밥을 먹어야 하지. 지금 세상에서는 밥을 먹기 위해서는 돈을 벌어야 하고 돈을 벌지 않으면 살아갈 수 없으니까 밥값을 한다는 말은 돈을 번다는 뜻으로 더 많이 쓰이는 게 사실이야.

또 많은 사람들이 '남들보다 잘 먹고 잘살기 위해서는 돈을 모아 쌓아 두어야 한다'고 생각하기 때문에 밥값을 한다는 말은 끝없는 욕심을 뜻할 수도 있을 거야. 하지만 말이 가진 그대로의 뜻을 보면 밥값을 한다는 말은 가장 낮고 겸손한 말일 수도 있지.

우리가 먹는 밥에는 다른 생명의 노고가 들어 있어. 사람이 살아가기 위해 먹는 음식에 다른 생명과 연결되지 않는 것은 없거든. 곡식 낱알 하나가 밥상에 오르기까지는 농부 아저씨 아주머니들의 땀과 노동이 배어 있을 뿐 아니라, 땅의 힘 하늘의 힘도 배어 있지.

곡식을 거두고 탈곡하고 자루에 담아 팔고 사는 곳에 오기까지는 또 얼마나 많은 사람들의 시간과 노동이 들어 있을까? 우리 부모님이나 할머니 할아버지들이 힘들게 일하는 '값'도 그 중 하나인 게지.

밥은 본디 여러 생명들의 품이 나누어 들어가 만들어진 것이지. 그러니 밥값을 한다는 것은 여러 생명들이 나누어 준 대로 또다시 나눈다는 말이 아닐까?

그런데 참 신비롭고도 놀라운 것은 사람들이 '많이 갖고 힘이 셀' 때보다 힘없고 약할 때 더 많이 나누게 된다는 거야. 가진 것이 없고 힘이 없을 때는 혼자보다 여럿이 모여 있는 게 훨씬 좋다는 것을 저절로 배우게 되지. 내게 없는 것이 있으니 다른 사람 없는 것이 눈에도 들어오고 마음에도 들어오고 말이야.

'가난'과 '부족함'만이 '나눔'이 가장 좋은 것임을 받아들이게 하는 힘이지. 서로 더 많이 가지려고 할수록 가진 사람과 빼앗기는 사람으로 나뉘고, 둘로 갈린 무리는 서로 더 많이 가진 쪽으로 가려고 다투고 눈이 멀게 되니까 말이야. 언젠가 많이 갖게 되는 날 평화도, 우정도, 기쁨도 얻게 될 거라고 주문을 걸어 보지만, 그 '언젠가'를 위해서 더 많이 빼앗고 빼앗길 뿐이라는 걸 깨닫기도 어려워질 테고.

그러니 세상의 기준으로 보면 노후 불량 주택이 즐비한 빈민 지역일 뿐인 우리 동네 어른들과 아이들이 세상 어느 곳보다 밥값을 제대로 하고 있다는 것은 어쩌면 당연한 것일지도 모르겠어.

이모는 공부방 아이들끼리 모여 밥을 같이 먹는 게 가난한 동네에 살면서 스스로 배운 무엇보다 소중하고 중요한 나눔이라고 생각하고 있단다.

그런데 가끔 이모 삼촌들은 공부방을 도와주고 싶어 하는 분들에게서 급식을 해 보라는 제안을 받을 때가 있단다. 학교에서 점심시간에 급식을 하는 것처럼 공부방에서도 저녁 급식을 하는 곳이 있거든. 급식을 하는 공부방에는 여러 단체에서 반찬을 가져다주기도 하고 요리를 할 수 있는 재료들을 대 주기도 하지. 하지만 이모 삼촌들은 공부방에서 급식을 하지 않기로 했단다.

만석동은 가난한 동네이고 거의 맞벌이를 하니 저녁에 밥을 제대로 챙겨 먹지 못하는 아이들이 많을 텐데 왜 급식을 하지 않느냐고 묻는 사람들에게 언제나 이모 삼촌들은 이렇게 대답한단다. 한쪽에서 일방적으로 도와주는 밥 대신에 스스로 자기가 먹을 것을 준비해 나누어 먹는 게 더 좋다고 말이야.

가난하고 힘이 없으니 '주어야'만 한다고 생각하면 가난하고 힘없는 사람들은 언제나 '도움받는' 사람들이 될 수밖에 없을 테니 말이야.

스스로 자기가 먹을 밥을 준비하는 데 한몫을 하는 것, 그리고 그것을 혼자보다는 나누어 먹을 줄 아는 것. 이것이 세상을 인간답게 살아나가기 위한 첫걸음이 아닐까?

이미 와 있는 아름다운 세상

 서로 다르고 모자란 사람들끼리 같이 모여 일하고 먹고 노래하고 춤추며 사는 것이 참 좋은 것이라는 걸 배웠던 하루하루.

 하지만 그 좋은 것을 배웠던 날만큼 이모 삼촌들은 가난해도 열심히 살아가던 이웃들이 더 가난해져서 뿔뿔이 동네를 떠나는 것도 지켜보아야 했단다. 이모 삼촌에게 나누어 먹는 밥의 소중함을 알려 주었던 아이들이 점점 힘과 능력만으로 사람을 나누는 세상의 잣대에 눌려 '꿈'을 가질 수 없는 사람들이 되어 가는 것도 말이야.

 그리고 지금 공부방 뒷집, 앞집, 그리고 윤경이 네가 살고 있는 골목의 이웃들이 서로 나누며 지내던 마음까지 닳아 버리고 마음의 상처를 지고 살아가는 모습도 매일 지켜보아야 했고. 우리가 살아가고 있는 세상이 점점 더 한곳을 향해 내달으면서 가난한 동네, 가난한 사람들의 삶은 더 어려워지고 설 자리가 없어져 가기 때문이란다. 이 동네에서 함께 살아가며 저절로 배우게 되는 나눔과 기쁨은 점점 쓸모없고 필요 없는 것으로 보일 수밖에 없게 되었단다. 정말 좋은 것을 갖고 있는 사람들이 점점 '쓸모없고' '아무것도 아닌' 사람들이 되어 갈 수밖에 없고 말이야.

 그래서 그 하루하루가 지나는 동안 이모 삼촌들은 같이 밥을 나누어 먹으면서 사는 삶을 꿈꾸게 되었단다. 그걸 굳이 다른 사람들도 알아들을 수 있는 말로 하면 '공동체'라고 할 수 있을 거야. 이모 삼촌들은 힘없고 약한 사람들끼리 모여서 같이 밥을 나누고 일을 하면서 노래하고 춤추며 평화롭게 살아가는 '삶의 방법'을 공동체라고 여기고 있단다.

윤경아!

떠올리기만 해도 웃음이 절로 나고 언제나 그때로 돌아가고 싶은 '여름 캠핑'을 생각해 봐. 허름한 숙소 두 동에 모래 마당, 나무와 짚으로 만든 원두막이 전부인 괴산 솔뫼 농장. 하지만 3박4일 동안 두세 살 어린 아이부터 마흔이 훌쩍 넘은 이모 삼촌들이 모두 함께 가서 하루 세 끼 같이 밥을 해 먹고, 같이 자고, 놀고, 또 일하고 오는 그 시간을 말이야.

이모 삼촌들에게 아이들과 함께 일하고 노래하고 춤추며 가난하게 함께 살아가는 꿈이 우리에게 '이미' 와 있는 세상이라는 걸 처음 맛보게 해 준 것도 여름 캠핑이었지.

그곳에서는 언제나 모두가 같이 밥을 지어 먹지. 밥을 할 때마다 일이 서툰 동생들의 속도를 기다려 주고 솜씨가 좋은 언니 오빠들은 조금 더 힘든 일도 마다 않고 말이야. 못해도 잘해도 한 명도 빠지지 않고 노래와 춤을 만들어 같이 놀 때는 더 신이 나지. 설거지, 나무하기, 땅파기, 청소하기, 물길내기, 고치기, 짐 나르기 같은 일도 모두가 같이 해내잖아.

서로 다른 힘과 재주를 다툼 없이 나누어 크고 작은 일을 함께하다 보면 몸을 움직여 일하는 노동이 얼마나 귀한 것인지도 배우고 일하는 즐거움도 알게 되지. 밤이 되면 언니 오빠 누나 형들이 엄마 아버지가 되어 동생들을 돌보고, 동생들은 또 더 어린 동생들의 잠자리를 봐 주고 함께 잠이 들고. 다시 날이 밝으면 모두가 함께 잠자리에서 일어나 하루를 맞이하고 말이야.

단 한 명도 소외되지 않고 단 한 명도 마음대로 휘두르지 않으면서도 서로가 넉넉하고 행복하게 일하며 놀며 지내는 그 시간은 해마다 공부방 식구들에게 우리가 꿈꾸는 공동체가 어떤 모습인지 가르쳐 주고 있는 거란다.

이렇게 지금 공부방에서 하루하루 지내는 일상과 봄 여름 가을 겨울에 모두가 함께 치러 내는 크고 작은 일들 속에 이미 우리 안에 공동체가 와 있는 것이겠지.

윤경아, 그런데 이모 삼촌들에게는 '아직' 이루지 못한 꿈도 있단다.

이모 삼촌들이 꿈꾸는 공동체는 모여 있는 사람들끼리만 잘 살 수 있는 울타리 있는 공동체는 아니야. 그건 우리처럼 가난하고 힘없는 사람들이 함께 맛보았던 이미 우리 곁에 와 있는 공동체를 지키며 살아가는 삶, 그리고 지금 이 세상이 옳다고 굳게 믿고 달려가고 있는 것과는 다른 길을 선택하는 삶이라고도 할 수 있지.

지금 우리가 살아가는 세상은 아마 앞으로도 더 '가진 자'와

'가지지 못한 자', 그리고 '힘이 센 사람'과 '약한 사람'으로 나뉘어 갈 거야. 세상 어느 곳에서든 빼앗기고 내몰리는 힘없는 사람들과 생명들이 더 생겨나겠지.

그렇다면 누군가 많이 갖고 있는 것의 얼마만큼을 떼어 주고, 가지지 못한 사람들은 그것을 받아 살아가면 된다고 생각할 수도 있을 거야. 그러면 가지지 못한 사람들은 어쩌면 굶지도 않고 빼앗기고 쫓겨나지 않을 만큼의 안전을 보장받을지도 모르지.

하지만 이모는 가난하니까 주는 것을 받고, 가난하니까 살라는 대로 살아가야 한다는 것은 동의할 수가 없단다. 약하고 가난한 사람들이 살아갈 길은 남들과 똑같이 더 빼앗고 더 많이 가지려는 것에 있다고 생각하지 않거든.

세상이 지금처럼 더 많이 가진 사람들의 힘으로 좌지우지되고 어떤 방법으로든 이긴 사람들에게 모든 것이 주어지는 길로 달려간다면 언젠가는 모두가 끝으로 치닫게 될 거야. 이모는 사람들이 함께 살아가기 위해서는 모두가 골고루 나눠 갖는 것이 가장 옳은 방법이라고 믿고 있단다.

나누고 또 나누어 더 나눌 것 없는 가난

이모는 '나눈다'라는 말이 가장 평등하고 낮고 가난한 말이라고 생각해. '나눈다'는 것은 '준다'와는 다른 말이니까. 또 '도와준다'라는 말과도 다르지. 나누려면 누구는 높고 누구는 힘이 셀 수가 없어.

나누고 또 나누어 더 나눌 것이 없을 만큼 나눈다면 모두가 가난해지겠지. 하지만 그 가난은 모자라고 없는 것을 서로 나누게 해 줄 테고, 모든 것을 혼자가 아니라 함께할 수 있도록 해 줄 거야. 그러면 결국 함께 사는 사람들이 모두 공평하게 넉넉한 가난이 되지 않을까?

힘없고 약하고 상처받은 서로 다른 사람들이 모여 '부'와 '힘'을 쫓는 대신 함께 일하고 노래하고 춤추고 이야기하면서 상처받고 모자란 마음들을 서로 어루만지고 기쁨을 나누고 사는 마을. 잘나고 못난 것으로 나누지 않고 서로 다른 것을 존중하며 살아가는 마을. 사람과 자연, 작은 생명들이 모두 같은 주인으로 땅과 하늘과 물을 나누며 살아가는 마을. 가장 약한 사람들이 나누며 살아가는 하루하루로 힘센 이 세상과 당당히 맞서는 모습을 보여 주는 마을.

이모 삼촌들이 만석동에서 윤경이와 같은 아이들을 만나며 꾸게 된 꿈이 바로 이것이란다. 가난하고 힘이 없으니 남이 주는 걸 받는 것이 아니라, 가난하고 힘없는 사람들끼리 나누고 또 나누어 함께 살아가는 꿈. 혼자라면 망설여지고 두려워 뒷걸음치겠지만 '같은 꿈'을 꾸는 사람들이 있기에 선택할 수 있는 '꿈' 말이야.

윤경아!

외모로, 성적으로, 부자 동네 가난한 동네로 아이들끼리 가르고 상처 주는 학교에서 돌아와 친구나 언니 오빠들과 서로 이야기하면 마음이 편해지지? 누구에게도 말 못한 마음속 상처를 이모 삼촌들에게 풀어 놓고 나면 너도 다른 친구들의 상처를 보듬어 줄 여유가 생기기도 하고 말이야. 소풍, 캠핑, 공연, 졸업식과 입학식. 힘들고 어려운 시간을 서로 이겨 내며 울고 웃는 크고 작은 일들을 함께 해나갈 때는 공동체라는 것이 좋고 살아갈 만한 것이라고 생각하게 될 거야.

하지만 이모 삼촌들이 아직 이루지 못했지만 꼭 이루고 싶어 함께 가자고 손 내미는 꿈 이야기를 들으면 너도 모르게 망설일지도 몰라.

세상의 잣대와는 거꾸로 거슬러 살아가는 것처럼 보이니까 두렵고 불안정하고 모자라는 것 같아 보이기도 할 거야. '혼자'라면 마음대로 해 보겠지만 '함께' 하는 것이라니 복잡하고 힘들어 보이기도 하겠지. 무엇보다 모두가 많이 가지고 힘이 세지겠다고 하는 세상에서 약하고 보잘것없는 사람들과 가난하게 살아간다는 것이 가능해 보이지 않을 수도 있을 거야.

하지만 한번 거꾸로 생각해 보겠니?

누군가 주는 것을 받아 살아가는 것이 아니니까 '자유롭고' '당당'하겠지. 내가 가진 것을 빼앗길까 봐, 나와 다른 어떤 사람들이 들어올까 봐 울타리를 치고 막아 놓지 않으니 언제나

'열려' 있겠지. 모든 것을 나누고 함께 하니 혼자서는 할 수 없는 것들을 해낼 수도 있을 거야.

힘세고 많이 가진 사람들의 법에 휘둘리지 않고 가장 약하고 가장 낮은 사람 하나하나가 '존중받고', 서로 '사랑하고' 나누며 살아가는 것이 가장 중요한 '법'이라는 것을 배울 수 있겠지. 언제 어떤 순간에 내가 잘할 수 없고 약해지고 상처받더라도 있는 그대로 존중받고 배려받을 것이라고 믿을 수 있을 테니 두렵지 않겠지. 이기고 지는 것 없이 나누며 살아갈 수 있으니 노래와 춤, 이야기를 담아 일하고 즐기며 살아갈 수 있겠지.

그래, 물론 이모 삼촌들이 너희들과 꾸는 이 꿈은 많은 어려움도 안고 있단다. 함께 꾸는 꿈은 설레고 좋기도 하지만 함께이기 때문에 부딪치는 것도 많고 해결해야 할 것도 많지. 세상을 거슬러 살아간다는 것은 생각보다 많은 반대에 부딪히기도 하고 많은 오해를 불러오기도 하고 말이야.

하지만 윤경아! 어렵고 힘들어도, 두렵고 자신 없어도 멈추지 않고 갈 수 있는 용기, 그런 것들이 꿈이 우리에게 주는 힘은 아닐까?

이모가 이 글을 처음 시작할 때 했던 이야기 기억하고 있지? 함께하는 것이 참 좋고 즐거운 일이라는 것을 맛본 사람들은 그 좋은 맛을 지키기 위해 다른 것을 이겨 낼 힘이 생긴다는 것 말이야.

　어렵고 힘든 시간도 많았지만 이모가 맛본 세상 가운데 만석동에 와서 너희와 함께해 왔던 시간보다 더 좋은 것은 없었단다. 헤쳐 나가야 할 것이 많겠지만 너희나 이모 삼촌들처럼 '약하고 보잘것없는' 사람들과 나누며 살아가는 '마을'보다 더 바라는 것이 없기 때문에 이모는 기꺼이 그곳으로 가는 꿈을 함께 꾸지 않겠느냐고 너에게 손을 내밀 수 있단다.

전쟁은
피할 수 없는 일이라고?

절대 그렇지 않아!

평화로 가는 한 걸음 | 박기범

박기범

한 아동문학 평론가는 박기범에 대해 이렇게 썼다. "소처럼 맑고 큰 눈을 가진 그, 소처럼 부지런하고 소처럼 착하고 소처럼 겁이 많은 그가 떠난다. 죄 없는 목숨에 폭탄을 날릴 거냐며 자기 한 몸으로 인류의 잔혹함, 그리고 인류의 양심을 증언하기 위해 인간방패 평화지킴이 반전평화단의 일원으로 그가 떠난다. 그는 동화작가다. 한국의 동화작가다." 박기범은 '인간방패'가 되어서라도 전쟁을 막겠다는 마음 하나만으로 미국의 이라크 침략에 맞서 2003년 2월 한국을 떠나 그해 8월 돌아오기까지 네 차례에 걸쳐 이라크에 들어가 그곳의 죄 없고 착한 이들과 함께 전쟁을 몸으로 겪었다.

나에게는 몇 해 사귀어 온 친구가 하나 있어요. 그이는 지금도 전쟁으로 몸서리치고 있는 나라 이라크에 삽니다. 나와 동료들은 그이를 2003년 미국이 이라크를 침략하던 해 그곳에서 만나 알게 되었고, 이제껏 가슴 시린 우정을 나눠오고 있습니다.

그때 우리는 전쟁이 일어날지 모른다는 두려움만큼이나 어떻게든 그 전쟁을 막아야 한다는 절박함만으로 공습이 예고되는 이라크로 찾아갔고, 뜻을 함께한 세계 여러 나라 시민들과 함께 부디 전쟁만은 일으키지 말 것을 호소했어요. 하지만 기어이 전쟁은 일어나고 말았지요.

이름은 살람 가드반, 당시 그이는 여섯 아이의 아버지였고 자동차 바퀴를 중고로 들여와 장사를 하는 조그만 무역업을 하고 있었지요. 그이는 품성이 온화하고 지혜로운 한 식구의 가장, 평범한 사내였어요.

전쟁이 낳은 아우성

엄청난 포화 속에서 이라크 정부가 무너지고 미국의 지배 아래로 들어가면서 살람 아저씨는 달라졌습니다. 처음에는 여느 이라크 백성들처럼 미국이라는 나라가 독재 정부를 물리쳐 주면

이라크 또한 자유와 평화, 고른 기회를 누리는 나라가 될 수 있을 거라는 기대를 품기도 했습니다. 하지만 미국의 지배 아래 백성들의 삶은 더욱 피폐해지기만 했습니다.

세계에서 세 번째로 많은 기름을 가졌다는 나라에서 전기는 하루 두어 시간밖에 나오지 않았고, 먹을 물이 모자랐고, 약을 구하지 못해 가벼운 병에도 죽어 가는 이들이 많았습니다. 또한 도시와 마을 곳곳에는 총을 든 점령국의 군대가 지키고 서서 아무 까닭도 없이 사람들에게 총질을 해대기도 했지요.

실제로 점령군의 소탕 작전이 무자비하게 이뤄지던 2004년 이라크 남부 나자프라는 도시에서는 대문 바깥으로 한 발짝도 내딛을 수 없을 정도였습니다. 총을 겨눈 저격수들이 곳곳에 숨어서는 사람 그림자가 움직이는 것만 보여도 총을 쏘라는 명령을 받았다 하니까요.

이라크 중부 팔루자라는 도시는 더욱 비참한 모습이어서 길 위로 사람들의 주검이 겹겹이 쌓이기도 했고요. 하지만 아무리 사랑하는 이의 주검이 길바닥에 버려진 채 썩어가고 있다 해도 그것을 들어 옮길 엄두조차 낼 수 없었습니다. 자연히 백성들은 고통을 호소하며 살 길을 찾고자 했지만 그럴수록 점령국의 군대는 말을 듣지 않는다면서 저항하는 이들을 무참히 죽이거나 잡아갔습니다.

혹시 기억할지 모르겠어요. 2004년 아부 그레이브 수용소에서 벌어진 충격적인 포로 학대 모습이 폭로된 것은 그 단면 가운데 하나입니다.

그 일이 무서운 것은 야만스런 폭력을 저지른 것에도 있지만 그곳에 잡혀간 이들 대부분이 아무런 잘못 없이 숨죽여 살아가던 마을 주민들이라는 것입니다. 불안한 점령이 이어지면서 침략군대는 그곳의 백성들을 가리지 않고 잡아갔습니다. 건장한 어른 체구를 가진 남자들이면 그이가 노인이건 청소년이건 가릴 것 없이 무릎을 꿇리고 눈을 가린 채 어디론가 잡아가도 그뿐이었습니다. 영문을 모른 채 끌려가며 놓아달라고 두 손 모아 빌수록 돌아오는 것은 군홧발과 총대였지요.

남자들이 죽거나 잡혀간 가정의 아내와 아이들은 먹고살 길이 없어 거리로 내몰리거나 어쩔 수 없이 몸을 팔아 살아야 했어요. 악순환은 계속되었습니다. 일자리가 없어진 땅, 먹을 것을 구할 수 없는 곳에서 어렵게 살아남은 이들은 어떻게든 살기 위해 생각지 못한 범죄에 발을 들이게도 되었지요.

그나마 먹을 것이 있어 보이는 집이나 상점을 약탈하고, 아이를 납치해 몸값을 요구하고, 점령군의 비밀스런 앞잡이가 되어 죄 없는 이웃에게 잘못을 덮어 씌워 고발을 하는 것으로 먹을 것을 얻고…….

혹시라도 가끔 이라크 전쟁 소식을 담은 뉴스를 보거나 할 때면 그 나라 백성들이 수니파니 시아파, 또는 쿠르드족으로 갈려 서로가 서로에게 폭탄을 터뜨려 죽고 죽이는 모습에 의

아해할는지도 모르겠어요. 제 나라 백성들끼리도 그토록 갈려 서로 싸우니 어느 정도 안정을 이룰 때까지만이라도 점령군이 치안을 맡아 주는 일이 어느 만큼은 필요한 일 아닌가 하고 말이에요.

그래요, 침략전쟁이 있은 뒤 이라크에서는 내전이라 할 만큼 그 나라 백성들 사이에 무섭고 끔찍한 싸움이 이어지고 있어요. 한 마을에 살던 이들끼리도 서로 종파와 민족으로 갈려 서로를 위협하거나 죽이는 일마저 서슴지 않고 있지요.

실제로 그 나라 대부분 백성은 이슬람이라는 하나의 종교를 믿으면서도 그 안에서 수니파니 시아파니 하면서 믿음의 방식을 조금은 달리해 왔어요. 또한 북쪽 지역에는 아랍 민족이 아닌 쿠르드족 사람들이 어느 만큼의 차별 아래에 살아오고 있기도 했고요.

하지만 그이들이 서로를 증오하고 적대해 살아오지는 않았습니다. 살람 아저씨만 해도 그래요. 아저씨의 종교가 이슬람 수니파인 데 반해 아저씨의 아내는 이슬람 시아파 집안의 사람인걸요. 그렇듯 백성들이 살아가는 데에서는 수니니 시아니 쿠르드족이니 하는 것이 중요한 문제가 아니었어요.

하지만 전쟁과 점령을 겪으면서 어느덧 시아와 수니, 쿠르드족은 죽기 살기로 싸움을 벌이게 되었습니다. 시아파 사람들이 모여 종교 의식을 갖는 사원에는 로켓포가 날아들었고, 수니파 사람들이 많이 모여 산다는 바그다드 빈민가에는 식료

품 트럭에 폭탄을 담아 그대로 들이받았어요. 시아파 사람들의 혼례식장에 포탄이 떨어졌고, 수니파 지역 학교 문을 나서는 학생들 길목에 폭탄이 터졌어요. 그러한 일들은 쿠르드족이 주로 모여 사는 북부 지역에서도 다르지 않게 되풀이되었지요.

점차 수니파 사람들과 시아파 사람들, 쿠르드족 사람들은 집을 버리고 따로 살아가야 했습니다. 오랜 세월을 거치며 고장에 따라 수니파 사람들이 많이 살거나 시아파 혹은 쿠르드족 사람들이 모여 사는 전통이 있기는 했지만, 누구나 함께 어울려 사는 도시들 또한 그보다 더 많았는데도 말이에요.

살람 아저씨의 고백

2005년 가을이었어요. 당시 터키 이스탄불에서는 여러 나라의 평화활동가들이 모여 전 세계 시민의 힘으로 전쟁범죄자를 심판하자는 '국제전범민중재판'이라는 행사를 가졌는데 이때 살람 아저씨를 다시 만났어요. 침략전쟁이 있고 두 해를 넘긴 무렵이었지요. 이미 살람 아저씨는 전쟁의 잔혹함을 온몸으로 겪으며 평화에 대한 갈망이 절실하던 때였습니다.

아저씨는 무엇보다 그 나라 아이들을 걱정했어요. 부모를 잃은 아이들, 길로 내몰린 아이들, 학교에 갈 수 없어 아무것도 배울 수가 없는 아이들, 테러와 폭력에 길들여져 사랑을 잃어가는 아이들을 보며 어떻게든 그 아이들의 마음에 평화의 씨앗을 심어 주려 애를 쓰고 있었어요. 그래서 아저씨는 점령군이 저지르는 폭력에도 반대했지만 그 점령 아래에서 이라크 백성들이 종파로 갈려 서로 총을 쏘고 폭탄을 터뜨리는 일에도 크게 안타까워하고 있었고요.

그때 다시 만난 아저씨는 당시 이라크의 상황을 들려주며 무척 비참해했습니다. 종파 사이 대립과 갈등은 더해 가고 있었고, 혹시라도 상대 종파가 모여 사는 구역에 다른 종파의 사람이 살고 있으면 어느 날 아침 대문 앞으로 경고장이 놓이곤 한다 했어요. 그 마을을 떠나라는, 떠나지 않으면 목숨을 앗아가겠다는 협박과 경고를 담은 쪽지라 했지요. 그리고 며칠이 지난 밤이면 총소리가 들리곤 했다고 했어요.

하루는 이웃 사람들이 다급히 아저씨를 찾았다고 합니다. 아저씨의 가장 친한 친구가 복면을 쓰고 온 사람들 총에 맞아 죽었다는 거였어요. 놀란 마음에 달려가 보니 얼마나 많은 총알을 맞았는지 얼굴을 알아볼 수조차 없었습니다. 온몸은 아주 벌집이 되다시피 했고, 그 집 대문이며 벽까지 온통 총알 자국이라 했지요. 그 전날 큰 길에서 있은 폭탄 테러, 그 일로 해서 시아파 사람들 여럿이 죽은 일이 있었는데 그에 대한 복수로 친구가 죽게 된 거라 여겨졌습니다. 그런 일은 끊임없이 되풀이되고 있었으니까요.

그 일을 떠올려 얘기를 들려주던 아저씨는 어느새 두 눈이 젖어들었고, 마치 그 자리에 가 있는 듯한 얼굴로 고백하듯 말을 했어요.

그 순간 나도 정신을 잃었다고, 내 손에 총 한 자루만 있었다면 나 역시 시아파 사람들을 쫓아가 그대로 쏘아 댔을지 모른다고, 내 사랑하는 사람을 잃은 순간, 그것도 단지 어느 종파라는 까닭 하나만으로 죽임을 당한 앞에서 나 또한 그 상대 종파 사람들이면 누구를 막론하고 죽이고 싶다는 마음이 들었다고…….

아저씨는 그 말을 하면서 그 순간 당신 안에도 악마의 마음이 들었다면서 몹시 괴로워했어요.

전쟁, 그 속의 전쟁 – 만들어진 내전

이라크를 침략한 미국은 처음부터 그곳 백성의 해방이나 자유, 행복을 목적으로 두지 않았습니다. 자유를 되찾아 준다는 명분을 내세웠지만 결국은 그 나라를 지배하려는 속셈을 지니고 있었지요. 그러기 위해서는 새로 들어설 정부는 자기들 말을 잘 듣는 꼭두각시여야 했고, 꼭두각시 정부를 세우기 전까지는 어떻게든 점령을 하면서 그 바탕을 마련해야 했습니다.

하지만 점령군이 머무는 동안 그곳 백성들의 삶은 더욱 피폐해져 가기만 했고, 그리 긴 시간이 지나지 않아 점령군이 독재 정권보다 더한 억압으로 나라를 지배하려는 것이 드러나게 되었지요.

이라크 백성들은 스스로의 삶을 찾기 위해 총을 들고 점령군에 저항했고, 더는 잃을 것 없는 이들의 저항은 점령군을 당혹스럽게 할 만큼 거세게 일어났습니다. 이에 점령 당국은 자신에 대한 저항과 분노를 이라크 백성들끼리 서로 갈려 싸우도록 교묘하게 몰아갔습니다.

그 모든 과정은 정당한 절차를 가장한 정치 행위로 진행되기도 했고, 한쪽에서는 은밀한 협상을, 그러면서 또 다른 쪽에서는 무자비한 군사 작전을 동시에 벌이는 것으로 이라크 사람들끼리 서로 다른 종파나 종족에 대해 분노와 공포를 키우게 했습니다.

이를테면 점령 당국은 후세인 정권 아래 상대적으로 더 힘들게 살아온 시아파에게는 좀 더 많은 권력을 줄 것처럼 당근을 내밀었고, 후세인 정권 시절 그나마 조금 나은 처지에 있던 수니파에게는 더 큰 저항을 불러일으키면서 그에 대한 대대적 소탕 작전을 벌였습니다.

또 한편으로는 오래 전부터 분리 독립을 바라 온 쿠르드족에게 당장이라도 독립을 가져다줄 것처럼 보이면서 아랍 민족의 반발을 불러일으켰지요. 그러다 보니 점령 당국에 대한 이라크 사람들의 분노는 서로 갈린 속에서 상대 종파, 서로 다른 민족에 대한 분노로 이어지게 되었습니다.

점령 당국의 분할 정책은 그뿐이 아니었어요. 아예 나라를 셋으로 쪼개 세 개의 자치 정부로 나눌 계획까지 내놓았는데, 그렇게 되면 석유가 많이 매장되어 있는 남부나 북부와 달리 그렇지 못한 중부 지역 사람들이 거센 저항을 하게 마련이겠지요. 나라를 쪼개려는 점령 당국이 미운 만큼이나 그 계획을 받아들이려는 남부와 북부 지역 사람들을 원망하게 되었습니다. 거꾸로 그 계획을 환영하는 이들은 그것에 저항하는 중부 지역 사람들을 걸림돌로 여겼을 테지요.

그 복잡한 양상 속에서 이라크 백성들은 점령 당국에 대한 분노를 서로에 대한 분노로 키우며 내전의 소용돌이에 빠져들게 되었습니다.

오래된 닮은꼴

이러한 모습은 누가 봐도 안타까울 거예요. 바깥 구경꾼의 자리에서만 본다면 같은 백성들끼리 서로를 증오해 싸우는 모습을 쉽게 이해하기는 어렵겠지요. 게다가 이러한 상황을 은근히 조장해 온 측에서는 온갖 미디어를 통해 내전의 뿌리가 마치 그곳 백성들 안에 있어온 듯 말하기만 할 뿐이니까요.

하지만 가만히 돌이켜 보면 지금 이라크 백성들의 모습은 반세기 전 이 땅을 살아온 우리네 할머니 할아버지들이 겪은 것과 아주 닮아 있습니다.

해방을 맞아 아직 우리나라가 진정한 주권을 갖지 못했을 때였지요. 사람들은 좌익으로 우익으로 갈린 채 서로 끔찍하게 죽이는 일을 되풀이하게 되었습니다. 어느 한쪽은 관복을 입어 나랏밥을 먹는 이들로 한편이 되고, 마을을 버린 채 산으로 올라간 사람들이 또 한편에 서서 피비린내 나는 싸움을 벌였지요.

이 싸움은 머지않아 그이들을 둘러싼 식구와 이웃들로 번졌고, 좌익이 뭐고 우익이 뭔지도 모른 채 들에서 농사를 짓거나 장터에서 물건을 내다 팔며 살아가던 이들까지도 모두 그 소용돌이에 휘말리게 했어요.

사이좋게 살아가던 이웃 안에서도 죽고 죽이는 일들이 이어졌고, 심지어는 사람들을 떼로 잡아다 구덩이에 묻는 일도 있었다 하지요. 결국 그 싸움은 한 나라 안의 전쟁으로 이어졌고, 이 땅은 나라가 둘로 갈려 아직도 서로를 적대하며 군사 대결을 이어오고 있습니다. 우리가 겪은 그 끔찍한 일들이 지금 다시 이라크 땅에서 벌어지고 있는 것이지요.

이라크 경찰을 이라크 사람이 죽이고, 이라크 경찰이 이라크 사람들을 죽이고, 한 마을에 살던 사람들도 종파에 따라 갈려 서로 대포를 쏘거나 폭탄을 터뜨려 죽이는 일, 하지만 그건 그 나라 백성들이 처음부터 서로를 미워하고 패를 갈라 사는 걸 좋아해 그런 것이 아닙니다. 마치 이 땅에 살던 할머니 할아버지들이 겪어야 한 것처럼 전쟁의 소용돌이는 순박하게 살아오던 양민들마저 어느 한편으로 내몰아 서로에 대한 맹목적인 증오를 가질 수밖에 없도록 만들기 때문이지요.

전쟁을 일으켜 그곳을 지배하려는 이들이 갖는 첫 번째 원칙이 바로 그곳에서 살아온 사람들을 갈라놓아 서로 싸우도록 만드는 것이니까요. 침략자에 대한 분노를 그들 내부의 증오로 돌려놓는 것, 그리해서 침략당한 이들이 힘을 모아 저항하지 못하도록 함과 동시에 그들을 갈라놓은 채 미끼를 내던지며 자신의 입맛에 맞게 지배하는 것. 침략전쟁이 있는 곳이라면 어디에서나 비슷하게 되풀이해 온 모습입니다.

과거 이 땅에서 좌우익으로 갈려 싸워야 한 것이 그렇고, 지금 이라크에서 종파로 갈려 싸우는 것이 그렇고, 아프가니스탄에서 정부군과 탈레반의 싸움도 그러하고, 르완다 내전에서 후투족과 투치족이 갈려 싸운 것도, 미얀마의 버마족과 카렌족이 싸움을 벌이는 것도, 체첸에서 벌어진 내전도 다 그렇습니다. 단지 그곳 백성을 갈라놓는 기준을 종족이나 종파, 혹은 이념이나 지역 따위로 조건에 따라 달리하면서요.

전쟁의 명분, 그 새빨간 거짓말

언제나 전쟁을 일으키려는 이들은 어떻게 해서든지 그 전쟁에 대한 합당한 근거를 마련하려고 애를 쓰게 마련입니다. 전쟁을 벌인다는 것은 셀 수 없이 많은 생명의 피를 흘리게 하고, 오랫동안 가꾸어진 자연과 문명마저 한순간에 파괴하는 일인진대 그럴싸한 이유조차 댈 수 없다면 엄청난 비난과 저항에 부딪힐 수밖에 없을 테니 말이지요.

이라크 전쟁 때만 해도 그랬습니다. 전쟁을 일으키려는 이들은 이라크 정부가 핵무기를 만들려 하고 있고, 벌써 많은 생화학무기를 가지고 있다고 단언하면서 세계 평화를 위해서는 그 나라 정부를 서둘러 물리쳐야 한다고 주장했습니다. 여러 자료들을 내밀어 시민들을 불안에 떨게 해 전쟁의 불가피함을 호소하며 말이지요. 당시 이 주장은 여러 나라 의회와 정부에게 받아들여졌고, 각국의 언론조차 그 주장을 그대로 따랐으니 어느덧 진실보다 더 그럴싸해 보이는 거짓을 믿는 이들이 많게 되었습니다.

하지만 어땠나요?

침공을 하고 군사 점령을 다섯 해 이상 하면서도 그 나라 어디에도 핵무기를 만들던 흔적은 찾지 못했고, 생화학무기라는 것도 발견하지 못했습니다. 마침내 미국과 영국 의회에서는 그것이 처음부터 거짓된 정보였다는 것을 인정해 털어놓아야 했어요. 전쟁을 벌여야 한다던 명분은 처음부터 조작된 것이었습니다.

궁지에 몰린 침략자들은 말을 바꿔 가며 둘러대려 했지요. 독재 정부 아래 억압당하는 그 나라 백성들을 위해 자유와 민주주의를 찾아주기 위한 전쟁이었다면서요. 하지만 전쟁 뒤 이라크 어디에도 자유나 민주주의는 들어서지 못하고 있습니다. 오히려 백성들은 차라리 독재 시절이 나았다 할 정도로 전쟁 뒤의 아픔과 슬픔이 얼마나 깊고 큰지 말하고 있는 걸요.

이제는 누구나 인정하고 있습니다. 전쟁을 벌인 미국 정부도 털어놓았고, 미국을 도와 군대를 보낸 한국 정부도 더는 숨기지 못하고 있습니다. 처음부터 이 전쟁은 이라크 땅에 있는 기름을 빼앗기 위해 벌인 것이라는 걸 말이지요. 애초부터 거짓으로 시작해 거짓으로 이어 온 전쟁, 그리고 지옥과 같은 내전을 겪고 있는 그곳의 사람들…….

그 뒤로도 또 다른 전쟁은 계속해서 준비되고 있습니다. 그 어떤 '명분'을 내놓으며 기회만 보이면 군대를 움직이려 하고 있어요. 얼마 전만 해도 이란이 핵무기를 만들고 있다고 의심을 해 마치 그것을 확실한 사실인 양 자료를 꾸며 전쟁 직전까지 내닫기도 했지요.

그러나 이 또한 거짓말, 전쟁을 밀어붙이려던 미국 정부는 이란이 이미 2003년부터 핵 시설을 멈춰 지금까지 가동하지 않고 있다는 정보를 가지고 있었으니까요. 이 사실이 뒤늦게 전쟁을 벌이는 이들은 '부수적 피해'라는 말을 쓰면서 더 소중한 것을 얻기 위한 작은 희생쯤으로 그들의 목숨과 삶을 가벼이 말하곤 하지만, 세상에 '부수적 목숨'이라 말해지는 목숨이라는 것이 있기나 한지 되묻고 싶은 심정이에요.

밝혀졌으니 망정이지 어쩌면 세계는 또 다른 전쟁에 휘말렸을지 모를 일이었습니다.

어떤 경우에도 성스러운 전쟁은 없다

만약에 말이지요, 그 전쟁에 내세운 명분이 거짓이 아니었다 한다면 어떨까요? 그대로 두었다간 정말로 세계 평화에 심각한 위험이 있다거나 지금 이 순간 그 어떤 세력 아래에서 너무 많은 이들이 고통 속에 살고 있다면 말이지요. 그렇다면 그것을 물리치기 위한 전쟁은 지지해야 하는 것일까요? 어쩌면 여기에 대한 대답은 그리 간단치 않을지 모르겠어요. 만약 '정의로운 전쟁'이라는 게 있어 평화로운 세상을 열어 줄 수 있다면 왠지 그것은 필요한 것처럼 보이기도 할 테니 말이지요.

하지만 평화는 '평화'를 통해서만 구할 수 있을 뿐, 전쟁으로 얻을 수 있는 평화란 이 세상 어디에도 있지 않습니다. 그 아무리 무서운 폭력과 억압이 있다 해도 전쟁보다 더한 것은 없을 뿐 아니라, 전쟁의 끝에는 더한 폭력과 억압만이 이어지기 때문이에요. 게임이나 영화에서 악을 물리쳐 선을 바로세우는 전쟁이 있는 것처럼 보이는 것은 그 낱낱의 고통과 슬픔, 공포와 분노가 가려져 있어 그래요.

전쟁으로 죽어가는 이들은 언제나 전쟁을 일으키는 자들이 내세우는 명분과는 하나 상관없이 살아오던 평범하고 소박한 백성들이 대부분이에요. 폭격은 아이들이 다니는 학교나 사람들이 모여 사는 마을 한가운데, 곡식을 가꾸는 농장이나 고기를 잡는 바닷가, 연인들이 산보를 하는 공원 할 것 없이 가리지 않으니까요.

최근에도 미군은 저항세력 소탕 작전을 벌인다고 하면서 바그다드 북서쪽 타르타르 호수에서 어린이와 여성 열다섯 명을 한꺼번에 죽였습니다. 그러고는 저항세력이 일부러 아이들이 있는 쪽으로 달아나 어쩔 수 없는 일이었다며 발뺌을 했어요.

며칠 지나지 않아 이웃한 한 마을에서는 또다시 저항세력을 잡는다며 밭을 갈던 농부들에게 헬기 위에서 총을 쏘아 댔어요. 둘이 죽었고 한 사람이 가까스로 집으로 몸을 피했습니다. 헬기는 농부가 숨어든 집을 쫓아가 공격했고 그 집에 살던 일가족 열네 명을 그대로 몰살시켰습니다. 말로는 군사시설이나 정부기관, 저항세력만을 목표로 한다지만 전쟁의 실상은 이런 모습이에요.

그건 작전을 수행한 병사가 남달리 잔인하거나 못됐기 때문이 아닙니다. 누구에게나 목숨이 하나이듯 전쟁터의 병사들에게도 자신의 목숨은 하나, 내 목숨을 지키기 위해서는 같은 명령 아래에 있는 동료가 아닌 한 모두 적으로 볼 수밖에 없는 걸요. 아무리 어린 아이라 해도 혹시 저 아이가 등 뒤에 총을 숨기고 있을지, 아무리 연약한 여인이라 해도 저고리 안에 폭탄을 감추고 있을지 모른다는 불안감은 살아 움직이는 모든 것을 의심토록 만드니까요.

먼저 죽이지 못하면 내가 죽게 될지 모르는 상황, 어디에서 총탄이 날아올지 모른다는 극한의 공포, 그 아래에서는 어떠한 가치나 도덕, 양심 따위는 아무것도 아닌 것이 될 수밖에요. 오로지 살아남는 것만이 최고의 가치이고 그것만이 절대 선이 되고 말겠지요. 평소에 없던 폭력성이 마음을 지배하게 되고, 내가 살기 위해 상대를 잔인하게 대하는 것은 당연시됩니다. 죽임의 잔혹함과 죽음에 대한 공포는 인간의 모습을 아주 뒤바꿔놓고 말아요.

이렇듯 전쟁은 폭격 아래 놓인 이들이거나 그들에게 총구를 겨누는 이들 모두의 몸과 마음을 파괴하는 악마의 불구덩이와 같은 것이지요. 이러할진대 아무리 그럴싸한 명분이 있다 하더라도 전쟁을 벌이는 일이 과연 정당할 수 있는지, 다들 깊이 생각해 보면 좋겠습니다.

이라크 전쟁만 해도 벌써 백만 명이 넘는 죄 없는 시민들이 죽었고, 사백만에 가까운 이들이 국경을 넘어 고단한 난민으로 살아가고 있습니다. 전쟁을 벌이는 이들은 '부수적 피해'라는 말을 쓰면서 더 소중한 것을 얻기 위한 작은 희생쯤으로 그들의 목숨과 삶을 가벼이 말하곤 하지만, 그 말을 들을 때마다 세상에 '부수적 목숨'이라 말해지는 목숨이라는 것이 있기나 한지 되묻고 싶은 심정이에요.

아이들에게 배운 평화

이라크 전쟁이 있고 무시무시한 내전이 이어지는 동안 그곳의 살람 아저씨와 한국의 작은 모임에서는 아이들에게 평화의 씨앗을 심는 마음으로 두 나라 어린이들이 편지를 주고받을 수 있도록 다리를 놓았습니다.

전쟁터의 그곳으로는 우편을 전할 수도 없었고, 서로 다른 말과 글을 쓰는 아이들 마음을 전하는 일이 쉽지는 않았지만 인터넷 안에서 몇 차례의 번역을 거친 뒤 그것을 인쇄해 아저씨가 몸소 아이들을 찾아 나서곤 했어요.

이곳에서 편지를 보낸 아이들은 몹시 가난하게 살아가면서도 나보다 더 어려운 동무들의 아픔을 함께하고 내 것을 나누는 데 평화가 있다는 것을 잘 아는 아이들이었습니다. 아이들은 이라크 동무들을 걱정하며 기도했어요. 그리고 그 전쟁터에 이 나라 군대가 가 있는 것을 미안해했어요. 편지를 받은 이라크 아이들은 슬프고 힘겨운 나날을 보내면서도 먼 나라에서 전해진 또래 동무들의 편지에 희망을 느끼며 언젠가는 꼭 만나자며 고마워했고요.

그러던 가운데 저는 아주 놀라운 일을 겪었습니다.

2006년이었나요, 이웃 나라 일본에서 온갖 어거지를 내세우며 독도가 저희 땅이라 우기는 일로 한동안 나라 안이 떠들썩하던 때였어요.

그 당시 내가 살던 동해 바닷가의 작은 마을 읍내로 나가는 길 곳곳에는 일본에 대한 분노를 쏟아 내는 펼침막이 전봇대마다 걸렸습니다. 일본은 자폭하라는 말부터 대포동 미사일을 일본으로 쏘자는 섬뜩한 말까지 욕설에 가까운 거친 말들이 펄럭였습니다.

그때 한 초등학교 교실 이야기를 들으면서 놀라지 않을 수가 없었어요. 어느 학년의 과목 시간에 우리나라가 어떤 나라가 되기를 바라는지에 대해 말해 보자는 차례가 있었다 했고, 한 아이가 손을 들어 힘센 나라가 되면 좋겠다고 말했다지요. 그래서 왜 그런 생각이 드는지를 교사가 되물으니 힘을 키워 일본으로 쳐들어가야 한다고 했다던가요. 그러더니 교실 아이들이 너도나도 그 말을 받아 저마다 떠들어 대며 맞다고, 일본 사람들을 다 죽여야 한다고, 쳐들어가 복수해야 한다고 술렁였다는 거예요.

아마 아이들도 어느 정도 일제의 잘못과 두 나라 사이 아픈 역사에 대해 아는 것이 있어 그런 말을 쉽게 했겠지요. 더구나 그때 독도 문제를 두고 방송에서부터 길목 곳곳의 펼침막까지 격한 감정으로 증오를 부추기는 말들이 넘쳐나는 통에 그런 말을 서슴지 않고 했을 테고요. 심지어 가까이 있던 어느 학교에서는 모든 아이들을 모이게 해서는 규탄대회라는 것까지 벌였다 하니 말이에요.

제가 정말 무섭다 느낀 건 아이들이 했다는 그 말이 아니라 아이들을 그렇게 몰아 가르치고 있는 이 사회의 끔찍한 모습 때문이었습니다. 분명 그 나라에도 저희 나라의 거짓과 억지를 안다면 부끄러워하고 미안해하는 아이들이 많이 있을 텐데, 모르긴 몰라도 그 나라의 더 많은 선량한 백성들은 제 나라 정부가 이웃 나라를 괴롭히지 않기를 바라왔을 텐데…….

그러면서 떠오른 것이 이라크 아이들이 이곳 아이들에게 보내온 편지들이었어요. 이라크 아이들로서는 저희 나라를 침략한 전쟁에 군대를 보낸 한국이라는 나라가 곱게만 보일 리 없겠지만 누구도 이곳 동무를 원망하거나 미워하지 않았거든요. 군대를 보낸 이곳의 아이들은 진심으로 미안해했고, 그곳의 아이들은 그 마음에 고마워했어요.

우리가 일본 정부의 잘못에 무조건 그 나라 사람들을 무턱대고 미워하고 적대하는 것이 정당하다면 이라크 사람들이 한국 사람들을 다 미워한다 해도 할 말이 없겠지요. 미국 사람들을 다 죽이고 싶다 해도 그저 옳다 할 수밖에요.

그러나 이래서는 끝없는 미움만 되풀이될 뿐일 거예요. 서로 잘 알지도 못하는 이들끼리 맹목적인 증오를 품은 채 싸워야 할 테고요. 결국 그 모습은 종파로 갈린 사람들이 내가 속한 종파의 어느 누가 죽임을 당했다 해서 무작정 상대 종파의 누군가를 죽이는 맹목적인 싸움과 하나 다르지 않겠지요. 단지 종파라는 그릇 대신 국가라는 그릇으로 규모가 좀 더 커진 것에 지나지 않을 테니까요.

어쩌면 살람 아저씨가 애국심이라는 이름으로 그곳 아이들에게 미움을 부추기거나 전쟁의 현실을 들먹이며 복수의 마음을 가르쳤다면 그곳 아이들 또한 쉽게 그 마음을 따랐을지 몰라요. 하지만 아저씨는 전쟁의 아픔이 깊은 만큼 진정한 평화를 가꾸고자 했어요.

그런데 우리 사회에서는 과연 어땠나요? 역사를 가르치고, 민족의 아픔을 가르치고자 한다면서 자칫 일본 백성들을 덮어놓고 미워하는 마음부터 깃들게 하지는 않았는지, 부끄럽고 안타까웠습니다.

자칫 정의라는 이름은 국가나 종교, 지역, 종족 따위의 집단논리에 갇혀 무섭게 둔갑하곤 합니다. 갈등을 빚는 집단 사이의 대립을 따라 마치 그 구성원 모두가 서로를 적대하고 싸워야 옳은 것처럼 강요되면서 말이지요.

그러할 때 평화라는 것을 꿈꾸는 것이 가능할 수 있을까요? 그릇된 집단의 논리, 집단에 갇힌 정의를 쫓는 사이 사람들은 아무 상관없는 사람을 미워하거나 겁을 내 멀리하게 될 뿐이겠죠.

전쟁으로 폐허가 된 땅에서 살아가는 아이들과 그곳으로 군대를 보낸 이 나라 아이들이 편지를 주고받으며 서로의 아픔을 나누고 걱정하며 우정을 나누는 모습, 그 자리에서 진정한 평화가 싹트는 모습을 보는 것 같았습니다.

우리가 나중에 어른이 되면 서로 사이좋은 나라를 만들자고 약속하는 일, 진심으로 미안하다고 말하는 것과 그것을 고맙게 받아주는 마음. 힘을 길러 복수를 다짐하는 것이 아니라 먼저 용서를 구하고 네 잘못이 아니었잖니 하며 따뜻하게 품어 우정을 나누어 가는 일.

'전쟁 반대'를 넘어

전쟁이라는 것은 정녕 피할 수 없는 것인지, 그 엄청난 권력과 자본으로 국가와 군대를 움직이는 이들을 막을 방법은 없는지를 생각하면 아득하게 느껴지는 게 솔직한 마음이에요.

  전쟁을 준비하는 이들은 지금 이 순간에도 또 다른 전쟁을 준비하고 있습니다. 군대를 훈련시키고, 무기를 만들어 내고, 전쟁의 명분이라는 침략의 정당성을 갖추기 위해 온갖 일들을 꾸미고 있어요.

  그러면 평화를 바라는 이들은 어떤 준비를 해야 하나요? 아무리 전쟁 준비를 감시해 나간다 해도 어마어마한 힘과 비밀스런 계획으로 진행되는 그것을 막기는 어려울 텐데 말이에요. 아무리 우리의 미래가 되는 아이들 마음에 평화의 씨앗을 심어 가꾸고자 한다 해도 세상은 온통 경쟁의 질서로만 꽉 짜여 있어 어려서부터 누군가를 딛고 그 위로 올라서는 것만을 가르치고 있기도 하고 말이지요.

그나마 우리가 전쟁의 참혹함 앞에서 최소한의 양심으로 할 수 있던 것은 마음을 졸이며 전쟁 반대의 목소리를 보태는 거였는지 모릅니다. 촛불을 밝혀 광장에 모여 서거나 위정자들에게 보내는 엽서 하나에 진실한 마음을 담기도 했고, 많은 이들의 이름을 서명지에 모아 평화의 메아리를 불러 보려 애를 써 보기도 했지요. 때로는 절박한 마음에 서로의 손과 손을 이어 인간띠를 길게 이어서라도 군대의 움직임을 막아 보려는 몸부림을 해오기도 했어요.

하지만 우리가 그러한 노력을 하는 동안에도 전쟁이 벌어지고 있는 곳에서는 무자비한 포화 속에서 사람들이 죽어가고 있을 터였고, 그 간절한 마음만으로는 어마어마하게 짜놓고 벌이는 전쟁판을 막기에는 모자람이 많습니다. 물론 그러한 노력이 있었기에 전쟁을 벌이는 이들을 조금이나마 주춤하게 할 수 있게 하기도 했겠지만 말이지요.

과연 우리가 할 수 있는 일은 고작해야 전쟁이 일어난 뒤에야 그것을 반대하느라 급급해하는 일뿐인 걸까요? 어쩌면 그건 마치 몸이 아프고 나서야 치료할 방법을 찾는 것과 마찬가지일 거예요. 정말 건강한 몸을 바란다면 아플 때마다 약을 찾는 것이 아니라 병에 들지 않도록 평소에 건강한 체질을 만들어 놓아야 하겠지요.

진정으로 평화를 지켜 내는 일 또한 그러할 것입니다. 그들이 벌이는 전쟁을 쫓아 뒤늦게 평화를 외치는 것에 그치는 것이 아니라 전쟁이 일어나기 어려운 사회를 만들어 가는 것. 그러려면 전쟁을 벌이는 이들이 그것을 통해 무엇을 얻고자 하는지 똑똑히 알아야 할 거예요. 그래서 그네들에게 전쟁을 일으키는 일이 아무 소용없는 일이 되도록 하는 것에 있겠지요.

실제로 요사이 벌어지는 전쟁 대부분은 기름을 머금은 땅과 기름이 지나는 송유관 길목을 둘러싼 것들입니다. 이것만 보더라도 우리가 가장 힘써야 할 일이 무엇인가는 또렷이 알 수 있을 거예요. 기름을 빼앗고자 벌이는 전쟁이라면 그것을 막아 내는 일의 가장 바닥에는 기름 소비를 줄이는 것, 기름에 기대지 않는 삶의 방식을 만들어 가는 것이 있겠지요.

실제로 미국이 이라크를 침략할 때 세계 여러 나라 가운데 독일만이 끝까지 전쟁에 반대해 동참하지 않을 수 있던 까닭은 오래전부터 지속적으로 나라 전체 에너지 소비에서 기름 의존도를 낮춰 왔기에 가능한 거였으니까요.

우리가 계속해 기름을 쓸 수밖에 없는 사회 구조와 삶의 방식을 버리지 못하는 한 기름을 빼앗아 잇속을 챙기려는 이들에게 아무리 전쟁을 멈추라 한들 그들은 콧방귀나 뀌고 말 거예요. 전쟁에 대한 지지 여부를 떠나 어차피 누구라도 자신들이 차지한 기름에 기대어 살 것을 아는 이상 그것을 포기할 리는 없을 테니까요.

전쟁의 피라미드

석유 산업을 바탕으로 한 근대 문명, 그것은 자본주의 안에서 무지막지한 개발과 소비로 이어지면서 현대에 들어서는 지구 어디에서나 기름을 목말라 하게 만들었습니다. 앞으로 오십 년이면 전 세계 기름이 모두 바닥날 거라 하는데 현대를 살아가는 사람들이면 누구 하나 기름 없이 살지를 못하고 있으니 이 삶의 방식을 바꾸지 못한다면 마지막 한 방울의 기름이 떨어질 때까지 이 지독한 전쟁은 그치기 어려울 거예요.

그러나 단지 기름이라는 하나의 자원에만 국한되는 것은 아니겠지요. 전쟁을 벌이는 자들의 탐욕주머니를 채워줄 수 있는 것은 그뿐이 아닐 테니까요. 끊임없이 상품을 만들어 팔아먹기 위해 점점 모자라 가기만 하는 지구의 모든 자원을 차지하려 할 것이고, 그네들이 만든 상품을 팔아먹을 시장을 지배하려 할 테지요. 그리고 그 상품을 만드는 노동력을 노예처럼 값싸게 부리고자 그 어느 나라를 손아귀에 넣고자 할 테고요.

결국 그네들이 전쟁을 벌이는 진짜 이유는 더 많은 것들을 차지해 더욱 커다란 잇속을 챙기고자 하는 심보에 있다 할 수 있을 거예요. 그러니 평화를 바라는 우리가 찾고자 하는 답 또한 바로 여기에서 찾을 수 있겠지요.

그네들이 빼앗아 얻으려 하는 것들로부터 우리 스스로를 자유롭게 하고, 전쟁을 통해 빼앗은 것으로 뱃속을 불리려는 그네들의 기획으로부터 우리의 삶을 벗어나게 하는 것으로 말입니다. 그것은 바로 자본주의가 짜 놓은 삶의 틀을 넘어서는 것이자 자연과 조화를 이루지 못하는 문명을 거스르는 일일 테고요.

분명 쉬운 일은 아닙니다. 우리가 사는 세상에서 그 질서를 완전히 벗어나기란 너무나도 어려운 일이니까요. 당장 내가 발 딛고 서 있는 모든 것은 문명에 기대고 있고, 몸이 원하는 것은 편리한 문명의 달콤함으로 기울어 있으니 말이지요.

게다가 내가 활동하며 관계 맺는 모든 행위는 자본주의가 짜 놓은 그물에 갇혀 경쟁과 잇속 계산을 당연시 하게끔 되어 있는걸요. 살아남기 위해서는 다른 이들보다 앞서야 한다는 조건에서 발버둥 치도록 되어 있습니다. 도시와 시장, 학교와 직장, 언론과 통신 그 모든 것에도 경쟁과 개발, 이윤의 논리는 깊이 스며 있고요.

자본주의는 언제나 더 많이 소비하고, 더 빨리 소비할 것을 가르치며 그것이 정당할뿐더러 삶의 풍요를 가져다준다고 말하고 있지만 정작 우리가 넘어서야 할 것은 바로 거기에 있는걸요.

자원과 시장, 노동력이 한정되어 있는 지구 위에서 이미 소비와 개발은 도를 넘어 균형을 잃고 있는데도, 자본주의 꼭대기에 선 이들은 마치 아무 문제가 없다는 듯 계속해 부추기고만 있으니까요. 우리에게는 오로지 '돈을 버는 일'과 '돈을 주고 사는 일'만으로 모든 생산과 소비를 대신하게 해 놓은 채 눈앞의 이익과 편리함만을 쫓게 만들어 놓았지요.

그러니 어느 순간 우리에게는 '절약'이라는 말조차 지구를 살아가는 모든 목숨이 함께 나누어 쓸 것들을 아끼는 것이 아니라, 단지 내 주머니 속 지갑만을 생각하는 것으로 바뀌고 말았어요. 좀 더 값싸게 살 수만 있다면 더 많은 자원을 버리게 하더라도 대형마트에서 사다 쓰는 것이 낫다 여기게 하는 것처럼 말이지요. 그들은 전쟁을 벌여서라도 자신들 곳간을 그득 채워 어떻게든 더 많이 팔아먹을 수 있으면 그만이라 생각할 뿐이니까요.

그러니 내가 넘치게 더 많은 것을 소비할수록, 나만이 살아남고자 남을 딛고 올라서는 경쟁의 사다리에 매달릴수록 끝내 전쟁으로 배불리고자 하는 이들의 탐욕주머니를 더 크게 부풀리게 하는 결과를 낳는 것이지요.

지구 위를 감도는 눈에 보이지 않는 전쟁의 순환 고리는 이렇게 이어져 있습니다. 결국 그 순환 고리를 끊어 내는 일은 우리가 어떤 삶을 사는가 하는 문제에 달려 있겠지요. 전쟁의 악순환 구조를 떠받치는 삶을 따르는가, 아니면 그것에서 벗어나 평화의 선순환을 이룰 수 있는 삶으로 살아가는가…….

경쟁이 아닌 협동과 나눔의 삶을 살아갈 때, 자본이 만든 소비 시스템이 아니라 자급에 가까운 풀뿌리 네트워크와 작은 공동체의 삶을 이뤄갈 때, 그들의 지배가 닿을 수 없는 자립과 자치의 삶을 지켜갈 때라면 그들의 전쟁은 '진짜 명분'을 잃고 말겠지요.

허나 그네들이 부추기고 유혹하는 삶에서 한 발짝도 벗어나지 못한다면 맨 밑바닥 우리의 경쟁과 소비는 단계를 거듭해 올라가면서 그보다 더 큰 규모의 경쟁과 자원 약탈로 이어지겠죠. 마침내 피라미드의 맨 꼭대기에서는 탐욕의 포화 상태로 전쟁이 아니고선 해결할 수 없는 길에 다다르게 되고 말 거고요.

평화로 가는 한 걸음

그래요, 전쟁이 그 꼭대기에 있다는 걸 안다면 더 이상 우리 삶이 그 피라미드의 밑돌이 되게끔 할 수는 없겠지요. 자본과 문명의 그물에서 벗어나는 삶이라는 것 또한 아득해 보이지만 그리 멀지만은 않을 거예요.

지금도 적지 않은 이들이 이 뒤늦은 깨달음에 고마워하며 '다른 세상은 가능하다'는 믿음을 가지고 삶의 방식을 하나씩 바꾸어 가고 있는걸요. 자본주의적 소비 욕구를 충족 못해 힘겨워하는 것이 아니라 자발적 가난을 선택한 이들이 함께 손잡는 것으로 훨씬 풍요롭고 행복한 모습을 보여 주고 있어요. 대항지구화행동 홈페이지 자유게시판의 다다 님 글에서처럼 좋은 옷을 사 입지 못해 불평하는 것이 아니라 동대문에서 천을 끊어다 함께 모여 옷을 만들어 입는 재미를, 조그만 공동 텃밭을 마련해 밥상에 올릴 곡식을 내 손으로 지어 올리는 행복을, 값비싼 공연을 보러 다니는 사람을 부러워할 것이 아니라 소박한 길거리 연극을 만들어 모두가 연기를 해보는 즐거움을, 하늘 높은 줄 모르고 오르는 집값에 절망해 그것을 따라잡느라 주택 부금의 노예가 되는 것이 아니라 공동 주거의 형태를 새로이 가꾸어 가며 말이지요.

시장을 지배하는 돈이 아닌 자신이 손수 만든 것들로 필요한 만큼 나누는 현물 화폐를 쓰고, 배우고 싶은 것이 있으면 벅찬 수강료가 아니라 저마다 잘할 수 있는 것으로 서로를 가르쳐 주는 모습들은 분명 자본주의 사회 안에서의 자립이 결코 고립이지만은 아님을 보여 주고 있어요.

이 말고도 자본의 그물에 갇힌 삶을 넘어서는 실천들이야 저마다 상상력의 크기만큼 아주 다양하겠지요. 쉽게는 자동차 대신 자전거를 교통수단으로 이용하거나 대형마트 아닌 골목 시장을 찾아가는 것에도 있을 테고요.

인간의 이기심만으로 자연을 이용하는 것이 아니라 자연과 조화를 이룰 때 더 많은 것을 얻는다는 것을 깨달아 살아가다 보면 저 허물어지지 않을 것처럼 강고해 보이는 자본의 제국도 차츰 빈 성곽만 남고 말 거예요.

그리하여 우리들 저마다의 삶이 전쟁의 피라미드를 떠받치

평화는 '평화'를 통해서만 구할 수 있을 뿐,
전쟁으로 얻을 수 있는 평화란 이 세상
어디에도 있지 않습니다.

는 밑돌에서 빠져나와 평화 가득한 조화로운 들판의 삶으로 한 걸음씩 걸어 나갈 수 있다면 그 길에 우리가 바라는 세상이 있지 않을까요?

  평화로운 세상은 누가 주는 것도, 어느 순간 갑자기 이뤄지는 것도 아닐 거예요. 내가 선택하는 것이고, 내 삶에서 비롯하는 것. 용기 있게 첫발을 내딛고, 씩씩하게 그리로 걸어가요. 멀고 험한 가시밭길인 것 같지만 생명이 살아 숨 쉬는 그 길로, 뚜벅뚜벅.